Russisch-deutsche Zweisprachigkeit als Phänomen der multikulturellen Gesellschaft in Deutschland

Berliner Slawistische Arbeiten

Herausgegeben von
Wolfgang Gladrow, Barbara Kunzmann-Müller,
Heinrich Olschowsky und Georg Witte

Band 30

Frankfurt am Main · Berlin · Bern · Bruxelles · New York · Oxford · Wien

Birte Pabst

Russisch-deutsche Zweisprachigkeit als Phänomen der multikulturellen Gesellschaft in Deutschland

PETER LANG
Europäischer Verlag der Wissenschaften

Bibliografische Information der Deutschen Nationalbibliothek
Die Deutsche Nationalbibliothek verzeichnet diese Publikation
in der Deutschen Nationalbibliografie; detaillierte bibliografische
Daten sind im Internet über <http://www.d-nb.de> abrufbar.

Gedruckt auf alterungsbeständigem,
säurefreiem Papier.

ISSN 1430-192X
ISBN-978-3-631-56365-6
© Peter Lang GmbH
Europäischer Verlag der Wissenschaften
Frankfurt am Main 2007
Alle Rechte vorbehalten.

Das Werk einschließlich aller seiner Teile ist urheberrechtlich
geschützt. Jede Verwertung außerhalb der engen Grenzen des
Urheberrechtsgesetzes ist ohne Zustimmung des Verlages
unzulässig und strafbar. Das gilt insbesondere für
Vervielfältigungen, Übersetzungen, Mikroverfilmungen und die
Einspeicherung und Verarbeitung in elektronischen Systemen.

Printed in Germany 1 2 3 4 5 7
www.peterlang.de

Inhalt

Geleitwort   7

1 Vorwort   9

2 Theoretische Grundlagen zur allgemeinen Zwei- und Mehrsprachigkeit   13
2.1 Einleitung   13
2.2 Zur Geschichte der Zwei- und Mehrsprachigkeit   14
2.3 Was ist Zweisprachigkeit?
Definitionen zwischen Muttersprache und Fremdsprache   15
2.4 Zweisprachigkeit und Sprachkontakt   16
2.5 Dimensionen der Zweisprachigkeit   17
2.5.1 Simultane und sukzessive Zweisprachigkeit   17
2.5.2 Natürliche und kulturelle Zweisprachigkeit   18
2.5.3 Additive und subtraktive Zweisprachigkeit   18
2.6 Begriffe zur Kennzeichnung der einzelnen Sprachen   19
2.6.1 Muttersprache, Vatersprache, Erstsprache   19
2.6.2 Familiensprache und Umgebungssprache   20
2.6.3 Zweitsprache versus Erstsprache   21
2.6.4 Starke und schwache Sprache   21
2.7 Zeitpunkt des Zweitspracherwerbs   22
2.7.1 Bilingualer Erstspracherwerb   23
2.7.2 Der frühere Zweitspracherwerb   25
2.7.3 Der spätere Zweitspracherwerb   25
2.8 Besonderheiten in der Sprache von Zweisprachigen   25
2.8.1 Code-switching   25
2.8.1.1 Kommunikative Funktionen des Code-switchings   26
2.8.1.2 Nicht-funktionales Code-switching   27
2.8.1.3 Code-switching versus Code-mixing   28
2.8.2 Interferenzen   29
2.8.2.1 Phonologische Interferenzen   30
2.8.2.2 Lexikalische Interferenzen   31
2.8.2.3 Morphosyntaktische Interferenzen   32
2.8.2.4 Semantische Interferenzen   33

3 Die russischsprachige Diaspora in Deutschland   35
3.1 Einleitung   35
3.2 Russischsprachiges Leben in Deutschland   37

3.3	Die Hauptgruppen russischsprachiger Zuwanderer in Deutschland	40
3.3.1	Russlanddeutsche	41
3.3.1.1	Zur Geschichte der Russlanddeutschen	41
3.3.1.2	Die Situation der Russlanddeutschen in Deutschland	47
3.3.2	Juden aus der ehemaligen Sowjetunion	50
3.4	Die sprachliche Situation der russischsprachigen Einwanderer in Deutschland	53
3.4.1	Identität durch Sprache: Das sprachliche Selbstverständnis der Russlanddeutschen	56
3.4.2	Porträts: Sprachbiographien und kulturelle Identität	63
3.4.2.1	Datengrundlage und Methoden der Datenerhebung	64
3.4.2.2	Analyse der Fallbeispiele	66
3.4.2.3	Zusammenfassende Auswertung der Daten	88
4	**Schlussbetrachtungen und Ausblick**	**93**
5	**Literatur**	**97**
5.1	Zwei-/Mehrsprachigkeit allgemein	97
5.2	Zweisprachigkeit russisch-deutsch	99
5.3	Nachschlagewerke	100
5.4	Internetadressen	100
6	**Anhang**	**103**
	Abb. 1: Zuwanderung von Aussiedlern und Spätaussiedlern aus der UdSSR bzw. der GUS in die BRD	104
	Abb. 2: Jüdische Zuwanderer aus der GUS 1993-2003	105
	Fragebogen zur Datenerhebung zur russisch-deutschen Zweisprachigkeit in Deutschland	106

Geleitwort

Mit dem vorliegenden Band ist Birte Pabst eine aktuelle wissenschaftliche Ausarbeitung gelungen, die den Diskurs um Migration und Integration in vielerlei Hinsicht bereichert. Mit ihrer Untersuchung leistet sie einen wesentlichen Beitrag in der wissenschaftlichen und politischen Diskussion, ein monokulturell und einsprachig ausgerichtetes Bildungssystem zu überwinden.

Die Autorin nimmt in ihrer Arbeit insbesondere die Zwei- und Mehrsprachigkeit der russischsprachigen Minderheit in der BRD in den Blick. Wie ihre Recherchen zum Forschungsstand ergaben, bildet eine fundierte Untersuchung des Sprachverhaltens von Einwanderern aus dem russischsprachigen Raum ein Forschungsdesiderat. Einzelne Untersuchungen über die Sprache von Russlanddeutschen liegen zwar vor, russisch-deutsche Zweisprachigkeit in weiterem Sinne wird jedoch bisher außer Acht gelassen. Diesem Gegenstand wendet sich die Autorin mit theoretischen Überlegungen und empirischen Beobachtungen zu Sprachbiographien im Zusammenhang mit kultureller Identität zu.

Die Porträts zu Sprachbiographien und kultureller Identität basieren auf einem standardisierten Fragebogen und Interviews, die Birte Pabst mit ihren Informanten geführt hat. Mit der Auswahl der Informanten wird der Tatsache Rechnung getragen, dass russischsprachige Menschen über verschiedene ethnische und kulturelle Wurzeln verfügen und Zwei- und Mehrsprachigkeit in den GUS-Staaten eher eine Mehrheitserscheinung darstellt als eine Seltenheit. So verfügen auch die ausgewählten Informanten über einen ganz eigenen biographischen, sprachlichen und kulturellen Hintergrund, der sich in einer sehr individuellen russisch-deutschen Zweisprachigkeit spiegelt. Die Querschnittsstudie zeigt die Vielfalt von Sprachbiographien auf und tritt gerade dadurch stereotypen Bewertungen der Sprache von Immigranten entgegen. In den Analysen wertet die Verfasserin ihre Daten sensibel aus. Die einzelnen Studien erweisen sich als ungemein interessant und aspektreich und von daher in jedem Falle aufschlussreich.

Prof. Dr. Christina Gansel

1 Vorwort

> „Dass etwa die Hälfte der Kinder in der Welt in einem Kontext aufwächst, in dem Bilingualität selbstverständlich ist, ist wenig bekannt. So gesehen verwundert es auch kaum, welche geringe Bedeutung ihr im Bildungssystem und in der öffentlichen Diskussion bislang eingeräumt wurde. Die meisten europäischen und viele außereuropäischen Bildungssysteme neigen dazu, einer monolingualen und monokulturellen Bildung Priorität einzuräumen."[1]

Deutschland ist ein Einwanderungsland. Diesen Fakt wollte man über mehrere Jahrzehnte nicht wahrhaben, und erst vor einigen Jahren begannen allmählich die deutsche Gesellschaft und Regierung, sich dieser Tatsache zu stellen und sich mit den aus der Verleugnung dieses Zustands entstandenen Problemen auseinanderzusetzen. Durch die Zuwanderung[2] zunächst von Arbeitsmigranten aus Italien, Griechenland, Spanien und der Türkei, seit Ende der 1980er Jahre auch von Flüchtlingen, vor allem aus dem ehemaligen Jugoslawien und asiatischen sowie afrikanischen Staaten, und Aussiedlern aus Polen, Rumänien und vorrangig den ehemaligen Sowjetrepubliken entwickelte sich in Deutschland eine Gesellschaft, die man heute nur unter der Voraussetzung eines hartnäckigen Nichtwahrhabenwollens als monokulturell bezeichnen kann. Die Zuwanderer brachten und bringen ihre spezifische Sozialisation aus dem Herkunftsland mit nach Deutschland, ihre Sprache und ihre Kultur, und sie bemühen sich, diese als Teil ihrer Identität an ihre Kinder weiterzugeben. Die Situation vieler Migranten und vor allem deren Kinder ist somit gekennzeichnet von Zwei- oder Mehrsprachigkeit, von einem oftmals nicht gesicherten Rechtsstatus, von Stigmatisierung und einer damit verbundenen, sowohl latenten als auch manifesten, Ausländerfeindlichkeit sowie von einer spezifischen Sozialisation in der Familie, welche dazu führt, dass die Migrantenkinder in der Regel mit mindestens zwei Kulturen und deren verschiedenen Werten und Normen konfrontiert werden und aufwachsen. Die Öffentlichkeit und die Politik tragen dem bislang nur in unzureichendem Maße Rechnung. Davon zeugt auch der von der Pädagogin Ingrid Gogolin ge-

---

[1] Triarchi-Herrmann, S. 9 (aus dem Geleitwort von Prof. Dr. Wassilios E. Fthenakis).
[2] In der aktuellen öffentlichen Diskussion über die bundesdeutsche Migrationspolitik wurde erneut die Thematisierung der Begriffe *Zuwanderung* und *Einwanderung* aufgenommen. Der Begriff *Zuwanderung* impliziere einen vorübergehenden Aufenthalt der Migranten und sei demnach ein Euphemismus, der sich nicht an der Realität orientiere. In der vorliegenden Arbeit werden die Begriffe *Zuwanderung* und *Einwanderung* jedoch synonym und wertfrei zur Beschreibung des Phänomens der Immigration nach Deutschland verwendet, ohne durch die Wahl des jeweiligen Begriffs eine gegebene oder vermeintliche Dauer des Aufenthalts der Migranten zu suggerieren.

prägte Begriff des „monolingualen Habitus".[3] Trotz der bereits seit Jahrzehnten andauernden Problematik ist das deutsche Bildungssystem noch immer auf Monolingualität und Monokulturalität ausgerichtet, Bildungskonzepte in Kindergärten und Schulen gehen trotz der steigenden Anzahl zwei- und mehrsprachiger Kinder von einer einsprachigen Sprachentwicklung aus. „Das monokulturell ausgerichtete Bildungssystem gibt damit einen Maßstab vor, an dem mehrsprachig aufwachsende Kinder als defizitär erscheinen und fast notwendig scheitern müssen."[4] Doch langsam lässt sich ein Umdenken feststellen:

> „Im Widerspruch zu dieser, aus den praktischen Erfahrungen resultierenden, Skepsis gegenüber der Mehrsprachigkeit werden polyglotte Menschen, die sich mittels ihrer Sprachen behauptet haben, bewundert und beneidet. Mehrsprachigkeit gilt hierzulande mittlerweile als wichtige Kompetenz. Diese Einstellung existiert neben der [...] problemorientierten Betrachtungsweise. Die Öffnung der Staaten der Europäischen Gemeinschaft und die weltweite Globalisierung tragen dazu bei, daß die positive Sichtweise sich verbreitet. Andere Sprachen sind nicht nur für Urlaub und kulturelle Interessen nützlich, sondern werden in zunehmendem Maße auch für berufliche Perspektiven wichtig."[5]

Russischsprachige Einwanderer bilden gegenwärtig einen wesentlichen Teil dieser multikulturellen Gesellschaft in Deutschland. Vor allem seit der politischen Öffnung der Sowjetunion durch die Perestroika unter Gorbatschow und dem bald darauf einsetzenden Zerfall der UdSSR begann eine starke Auswanderungsbewegung aus den Sowjetrepubliken und ihren Nachfolgestaaten Richtung Amerika, Israel und Westeuropa.[6] Durch die weitgehend unproblematische Aufnahme von Russlanddeutschen und Menschen jüdischer Herkunft gestaltete sich Deutschland während dieser so genannten vierten Emigrationswelle zu einem attraktiven Ausreiseziel. Im Rahmen dieser Aufnahmepolitik sind allein seit 1990 bis heute etwa 2,6 Millionen Menschen aus dem russischsprachigen Raum in die BRD immigriert, insgesamt wird derzeit von etwa fünf Millionen russischsprachigen Personen in Deutschland ausgegangen.[7]
Dieser russischsprachigen Minderheit widmet sich, nach einem Abriss theoretischer Hintergründe zur allgemeinen Zwei- und Mehrsprachigkeit, die vorliegen-

---

[3] Vgl. u. a. Hinnenkamp/Meng, S. 8; Erfurt/Budach/Hofmann, S. 12.
[4] Jampert, S. 10.
[5] Ebd., S. 53.
[6] Vgl. Goldbach, S. 11.
[7] Die Angabe über fünf Millionen Russischsprachige in Deutschland ist entnommen aus http://de.wikipedia.org/wiki/Russen_in_Deutschland (15.02.06). Inwieweit diese jedoch der Realität entspricht, lässt sich nicht nachweisen. Es existieren keine verlässlichen Zahlenangaben, da keine Studien darüber vorliegen, ob und wie die Nachkommen der Angehörigen vor allem der früheren Einwanderungswellen aus dem russischsprachigen Raum die russische Sprache erlangt und bewahrt haben. Zu der aktuellen Einwanderungssituation seit 1990 vgl. Abb. 1 und 2 im Anhang auf den Seiten 104 und 105.

de Arbeit. Zunächst werden die Hauptgruppen russischsprachiger Zuwanderung, die Russlanddeutschen und die Juden aus der ehemaligen Sowjetunion, als Träger russisch-deutscher Zweisprachigkeit in Bezug auf ihre Geschichte, kulturelle Identität und derzeitige Lebenssituation in Deutschland vorgestellt, anschließend wird ausführlich auf das Sprachverhalten der Einwanderer aus dem russischsprachigen Raum eingegangen. Dieses ist, wie sich als Ergebnis meiner Recherchen zeigte, bislang nur unzureichend untersucht worden, beziehungsweise die verfügbare Forschungsliteratur konzentriert sich auf die Sprache der Russlanddeutschen und lässt die übrigen Träger russisch-deutscher Zweisprachigkeit in Deutschland fast völlig außer Acht.

Hinsichtlich der Situation von Migranten erfüllt Sprache in ihrer sozialen Funktion zwei Aufgaben: Zum einen gilt Sprache als Vermittler und Träger von Kultur, zum anderen ist Sprache der Schlüssel zur Integration in die Aufnahmegesellschaft. Dies bedeutet im Hinblick auf die russischsprachigen Zuwanderer Folgendes: Der Erhalt der Erstsprache Russisch dient der Wahrung der Bindung an die russischsprachige Herkunftskultur, das Erlernen der Zweitsprache Deutsch ermöglicht erstens den Zugang zur deutschen Kultur und ist zweitens Voraussetzung für eine erfolgreiche soziale Integration in die deutsche Gesellschaft. Mit diesem kulturellen und sozialen Aspekt von Sprache beschäftigt sich der Hauptteil dieser Arbeit.

Sofern russischsprachige Zitate verwendet werden, wie vor allem in Kapitel 3.4 *Die sprachliche Situation der russischsprachigen Einwanderer in Deutschland*, werden diese in Kyrilliza wiedergegeben, um die Authentizität und Originalität der Aussagen zu gewährleisten. Ihre deutsche Übersetzung folgt in der Regel anschließend in Klammern. Ortsnamen sowie Namen von russischen und sowjetischen Machtinhabern und anderen Persönlichkeiten und ähnliches werden in der im Deutschen gängigen Variante wiedergegeben, das heißt nach der Transkiption laut Duden, so beispielsweise Kiew, Perestroika, Peter I. und Gorbatschow.

Bei der vorliegenden Arbeit handelt es sich um die leicht überarbeitete Fassung meiner interdisziplinären Examensarbeit, die am 30. März 2006 vom Landeslehrerprüfungsamt des Landesinstituts für Schule und Ausbildung in Greifswald angenommen wurde. Mein Dank gilt vor allem Frau Prof. Dr. Christina Gansel vom Institut für Deutsche Philologie der Ernst-Moritz-Arndt-Universität Greifswald für die aufmunternde Betreuung der Arbeit und für die Unterstützung in Bezug auf die Veröffentlichung derselben sowie Frau Dr. Gisela Ros für die Zweitkorrektur. Zudem bedanke ich mich herzlich bei Herrn Prof. Dr. Wolfgang Gladrow für die freundliche Aufnahme in die Reihe *Berliner Slawistische Arbeiten*. Weiterhin danke ich Christoph und Jenny für ihre stete mentale Unterstützung während der Entstehung dieser Arbeit. Auch möchte ich herzlich Alf Seippel und meinen Minsker Freunden Aljona, Lilja, Marina und Vitja danken, deren langjährige innige Freundschaft und Zuneigung wichtige Wegbereiter meines Studiums und dieser Abschlussarbeit waren. Ganz besonders bedanke ich mich bei meinen Informanten, ohne deren Vertrauen und Offenheit diese Arbeit nicht hätte entstehen können.

Greifswald, im Dezember 2006   Birte Pabst

2 Theoretische Grundlagen zur allgemeinen Zwei- und Mehrsprachigkeit

2.1 Einleitung

Dieser Teil der vorliegenden Arbeit widmet sich den Hintergründen und theoretischen Ansätzen zur Zwei- und Mehrsprachigkeit allgemein. Beginnend mit einem kurzen historischen Abriss über früheste Mehrsprachigkeit vor bereits mehreren Jahrtausenden aus wirtschaftlicher und politischer Notwendigkeit (Kapitel 2.2), werden im Folgenden zunächst die unterschiedlichen Definitionen von Zwei- und Mehrsprachigkeit vorgestellt, aus denen eine eigene Begriffsbestimmung der Zweisprachigkeit entwickelt wird, welche als grundlegende Basis und Prämisse für diese Arbeit dienen soll (Kapitel 2.3). Weiterhin wird eine Abgrenzung der Zweisprachigkeit zum Sprachkontakt unternommen (Kapitel 2.4). Anschließend erfolgt in Kapitel 2.5 eine Erläuterung der verschiedenen Kriterien von Zwei- und Mehrsprachigkeit: Alter des Zweitspracherwerbs (simultane und sukzessive Zweisprachigkeit), Art und Weise des Zweitspracherwerbs (natürliche und kulturelle Zweisprachigkeit) und Einflüsse der Zweisprachigkeit auf die Persönlichkeitsentwicklung (additive und subtraktive Zweisprachigkeit). Danach werden Begrifflichkeiten wie Mutter-, Vater-, Erst-, Zweit-, Familien-, Umgebungssprache sowie starke und schwache Sprache zur Einordnung der jeweiligen Sprachen erklärt (Kapitel 2.6). Der Zeitpunkt des Zweitspracherwerbs lässt sich grob einer von drei Phasen der individuellen Sprachentwicklung zuordnen, die in Kapitel 2.7 erläutert werden. Der erste Teil endet mit einer ausführlicheren Darstellung der besonderen Charakteristika wie Interferenzen und Codeswitching, welche die Sprache Bilingualer kennzeichnen (Kapitel 2.8).
In den letzten Jahrzehnten beschäftigten sich zunehmend zahlreiche Wissenschaftler, darunter Philologen, Mediziner, Psychologen, Pädagogen und Soziologen, mit der Zwei- und Mehrsprachigkeit von Individuen, und es ist eine kaum überschaubare Fülle von Forschungsliteratur entstanden, die auch nur ansatzweise auszuschöpfen den Rahmen dieser Arbeit deutlich übersteigen würde. Die Literatur befasst sich, abhängig von der Disziplin, unter deren Blickwinkel die Zweisprachigkeit untersucht wird, mit sehr verschiedenen Aspekten der Zwei- und Mehrsprachigkeit. Als vor allem am Spracherwerb selbst orientierte Veröffentlichungen sind unter vielen anderen Siebert-Ott (2001), Zangl (1998), Peltzer-Karpf/Zangl (1998) sowie Stenzel (1997) zu nennen. Pädagogische Ansätze liefern beispielsweise Menk (2000), Luchtenberg (1995) und Gogolin (1988). Mit sozialen und kulturellen Aspekten von Zwei- und Mehrsprachigkeit beschäftigen sich Erfurt/Budach/Hofmann (2003), Fishman (1991), Sarter (1991), Gumperz (1975) und andere. Englischsprachige Handbücher von Kroll (2005), Bathia/Ritchie (2004), Wei (2000) und Hoffmann (1997) runden das Spektrum

des Literaturangebots ab. Sehr praxisorientiert angelegt, bieten Triarchi-Herrmann (2003), Cunningham-Andersson/Andersson (2001), Kielhöfer/Jonekeit (1991) und andere konkrete Hilfe für den Alltag in zweisprachigen Familien. Als deutschsprachige Werke zur Einführung in die Sprachkontaktforschung ist auf Riehl (2004) und Bechert/Wildgen (1991) zu verweisen.
Die folgende zusammenfassende Darstellung stützt sich im Wesentlichen auf die Erläuterungen von Triarchi-Herrmann (2003), welche sich vorrangig mit dem Erwerb von Zweisprachigkeit im Kindesalter befasst, und wird stellenweise vor allem von Riehl (2004), Bechert/Wildgen (1991) sowie eigenen Erfahrungen und Beobachtungen ergänzt.

2.2 Zur Geschichte der Zwei- und Mehrsprachigkeit

Es ist nachgewiesen, dass das Phänomen der Zweisprachigkeit fast seit dem Zeitpunkt existiert, seit Menschen überhaupt über Sprache verfügen, denn bereits vor Jahrtausenden standen Völker verschiedener Sprachen miteinander in Kontakt, betrieben Handel miteinander und führten Kriege gegeneinander. Die Akkader und Sumerer, welche etwa 4000 Jahre vor Christus lebten, können als die ersten bilingualen Menschen betrachtet werden. Aus ihrer Zeit stammen die ersten zweisprachigen Lexika.[8]

Auch die alten Griechen beherrschten neben den verschiedenen Dialekten des Griechischen auch Fremdsprachen wie Phönizisch, Ägyptisch oder Persisch. Zudem lässt sich darauf verweisen, dass nach der Gründung des griechischen Imperiums durch Alexander den Großen wiederum Griechisch als eine Art Zweitsprache in weiten Teilen Asiens gesprochen wurde.[9]

Eine ähnliche Situation lag im Römischen Reich bezüglich des Lateinischen vor. Teilweise beherrschte die Bevölkerung in vielen von den Römern eroberten Ländern Latein. Römische Kinder lernten zudem Griechisch in der Schule, was einen deutlichen Hinweis auf die Tatsache liefert, dass die griechische Sprache dennoch weiterhin in Kultur und Politik von Bedeutung war. Länder wie beispielsweise Ägypten oder Israel galten sogar als dreisprachig, es wurden sowohl die jeweilige Landessprache als auch Latein und Griechisch gesprochen.[10]

Ebenso in späteren Epochen der Menschheitsgeschichte weisen zahlreiche Völkergruppen das Merkmal der Zwei- oder Mehrsprachigkeit auf. Seit Jahrtausenden bis in die heutige Zeit hinein wird in vielen Gesellschaften das Beherrschen von zwei oder mehr Sprachen als notwendig und selbstverständlich betrachtet, zudem erhöht es das Prestige.[11]

---

[8] Vgl. Triarchi-Herrmann, S. 17.
[9] Vgl. ebd., S. 17f.
[10] Vgl. ebd., S. 18.
[11] Vgl. ebd.

2.3 Was ist Zweisprachigkeit?
Definitionen zwischen Muttersprache und Fremdsprache

In der Wissenschaft ist der Begriff der Zweisprachigkeit nicht eindeutig definiert. Einige Definitionen widersprechen sich gar, was darauf zurückzuführen ist, dass jede Begriffsbestimmung auf andere Aspekte und Kennzeichen der Bilingualität eingeht, zum Beispiel auf den Grad der Sprachbeherrschung, also auf die Kompetenzdimension, oder die Funktion der Zweitsprache.[12] Ungeachtet der uneinheitlichen Definitionen von Zweisprachigkeit hält Vassilia Triarchi-Herrmann jedoch fest:

> „Zweisprachigkeit ist eine natürliche Erscheinung, die automatisch zustande kommt, wenn sich zwei Personen, die verschiedene Sprachen sprechen, untereinander verständigen wollen. Voraussetzung ist dabei, dass einer der beiden Sprecher über Kenntnisse der Sprache des anderen Sprechers verfügt."[13]

Die Autorin führt anschließend verschiedene Begriffsfestlegungen von Zweisprachigkeit an: „Zweisprachigkeit ist die wahlweise Verwendung von zwei oder mehr Sprachen durch eine Person (Macky in: Triarchi 1983)"[14] versus „‚Unter Zweisprachigkeit ist die Zugehörigkeit eines Menschen zu zwei Sprachgemeinschaften zu verstehen, in dem Grade, dass Zweifel darüber bestehen können, zu welcher der beiden Sprachen das Verhältnis enger ist oder welche als Muttersprache zu bezeichnen ist oder mit größerer Leichtigkeit gehandhabt wird oder in welcher man denkt' (Blocher in: Fthenakis 1985)."[15] Auch Claudia Maria Riehl verweist auf die Uneinheitlichkeit der Begriffsbestimmungen von Mehrsprachigkeit.[16] Zwei Extrempositionen sind also festzustellen: Für einige Forscher ist jeder bilingual, der nur einige Wörter einer anderen Sprache kennt. Nach dieser Definition ist fast die gesamte Bevölkerung der Erde als zwei- oder mehrsprachig aufzufassen und Einsprachigkeit bildet die Ausnahme. Die Vertreter des Gegenpols hingegen stellen hohe Anforderungen an den Sprachbeherrschungsgrad: Für sie gelten nur solche Personen als zwei- beziehungsweise mehrsprachig, welche die jeweiligen Sprachen auf muttersprachlichem Niveau beherrschen. Dies hat zur Folge, dass die Zahl zweisprachiger Menschen, auch im globalen Maßstab, als sehr gering eingeschätzt werden muss.[17]
Tricharchi-Herrmann findet in ihrer Definition einen Kompromiss zwischen diesen Extrempositionen und bezeichnet eine Person dann als zweisprachig,

---

[12] Vgl. ebd., S. 18f.; Fthenakis/Sonner/Thrul/Walbiner, S. 15f.
[13] Triarchi-Herrmann, S. 19.
[14] Ebd.
[15] Ebd., S. 20.
[16] Vgl. Riehl, S. 63.
[17] Vgl. Triarchi-Herrmann, S. 20.

„wenn sie über die Fähigkeit verfügt, sich ohne größere Schwierigkeiten in zwei Sprachen mündlich oder auch schriftlich ausdrücken zu können. Diese Fähigkeit muss sie aufgrund ihrer eigenen psychischen, emotionalen und soziokulturellen Voraussetzungen sowie durch den ständigen und intensiven Kontakt mit einer zweisprachigen Umgebung entwickelt haben. Zwei- oder Mehrsprachigkeit findet eigentlich in jeder Situation statt, in der sich ein Individuum abwechselnd in zwei oder mehr Sprachen mündlich oder auch schriftlich sinnvoll und ohne große Schwierigkeiten äußern kann."[18]

Diese Auffassung von Zweisprachigkeit soll die Grundlage für die vorliegende Arbeit bilden. Demnach handelt es sich dann um Bilingualität, wenn die betreffende Person sowohl die erste als auch die zweite Sprache fließend beherrscht und sich mehr oder minder mühelos zu allen Lebensbereichen in der Erst- sowie in der Zweitsprache ausdrücken kann: Kommunikative Verständigung ist in beiden Sprachen ohne größere Schwierigkeiten möglich. Im Unterschied zur Fremdsprache, deren Beherrschung nicht zwingend vor dem Hintergrund eines häufigen Austauschs mit der Kultur und dem Land, in dem diese als Erstsprache der Mehrheitsgesellschaft gesprochen wird, stehen muss, ist die Zweitsprache davon gekennzeichnet, dass die bilinguale Person auch häufig in Kontakt mit ihr und der dazugehörigen Kultur steht.

2.4 Zweisprachigkeit und Sprachkontakt

Der Begriff Zweisprachigkeit beziehungsweise Mehrsprachigkeit kennzeichnet die Eigenschaft eines Menschen, zwei oder mehrere Sprachen zu sprechen, und schenkt somit dem Individuum selbst Beachtung, während der Terminus Sprachkontakt sich direkt auf die jeweiligen Sprachen bezieht, die von der zweisprachigen Person gesprochen werden und auf diese Weise miteinander in Kontakt stehen.[19] Es ist demnach eine Frage der Perspektive, ob von Zweisprachigkeit oder Sprachkontakt die Rede ist.
Sprachkontakt wird demzufolge als das Ergebnis von Zwei- beziehungsweise Mehrsprachigkeit betrachtet, da die Verwendung mehrerer Sprachen von einer Person Veränderungen in den jeweiligen Sprachsystemen verursacht.[20] „Unter Sprachkontakt versteht man daher die wechselseitige Beeinflussung von zwei oder mehreren Sprachen"[21], fasst Riehl zusammen. Sowohl die Erstsprache wird von der Zweitsprache beeinflusst als auch umgekehrt. Erscheinungen von Sprachkontakt werden nicht nur in den Äußerungen einzelner Zweisprachiger deutlich, sondern auch in der Sprachverwendung der mehrsprachigen Gesell-

---

[18] Ebd.
[19] Vgl. Bechert/Wildgen, S. 1f.; Riehl, S. 11.
[20] Vgl. Riehl, S. 11.
[21] Ebd.

schaft.[22] Die Auswirkungen des Sprachkontakts in den einzelnen Sprachen sind im Wesentlichen Interferenzen, Code-switching und Code-mixing, welche als Besonderheiten der Sprache von Zweisprachigen in Kapitel 2.8 erläutert werden.[23]
Als erster beschrieb Uriel Weinreich im Jahr 1953 das Phänomen des Sprachkontakts mit Hilfe der so genannten psycholinguistischen Begriffsbestimmung:[24] „Zwei oder mehr Sprachen stehen miteinander in Kontakt, wenn sie von ein und demselben Individuum abwechselnd gebraucht werden."[25] Diese Begriffsbestimmung beschäftigt sich demnach mit der Frage, welche psychischen Prozesse bei bilingualen Personen ablaufen, wenn sie mehrere Sprachen verwenden. Die soziolinguistische Definition von Sprachkontakt hingegen geht davon aus, dass die Sprecher – und nicht die Sprachen – miteinander in Kontakt treten. Dies ist der Fall innerhalb einer Gruppe, in der zwei Sprachen gesprochen werden, was nicht unbedingt bedeutet, dass jedes einzelne Gruppenmitglied beide Sprachen beherrschen muss. Der Ort, an welchem der Sprachkontakt stattfindet, ist die Gruppe als Gesamtheit.[26]

2.5 Dimensionen der Zweisprachigkeit

Bilingualität tritt in verschiedenen Konstellationen auf, die sich jeweils individuell auf das Sprachverhalten der zweisprachigen Person auswirken, und lässt sich daher anhand verschiedener Dimensionen kategorisieren. So spricht man von simultaner versus sukzessiver Zweisprachigkeit, von natürlicher versus kultureller Bilingualität und von additiver versus subtraktiver Zweisprachigkeit. Im Folgenden werden diese Dimensionen kurz erläutert.

2.5.1 Simultane und sukzessive Zweisprachigkeit

Das Kriterium für die Unterscheidung in simultane und sukzessive Zweisprachigkeit ist das Alter, in dem die Person die beiden Sprachen erwirbt. Lernt ein Kind von Geburt an zwei Sprachen gleichzeitig, so handelt es sich um simultane Zweisprachigkeit, man spricht auch von bilingualem Erstspracherwerb (vgl. Kapitel 2.7.1). Bei der sukzessiven Zweisprachigkeit wird die Zweitsprache in einem Alter erworben, in dem die Strukturen der Erstsprache weitgehend etabliert sind, also frühestens nach Vollendung des dritten Lebensjahres. Sie wird demzufolge nach dem Erwerb der Erstsprache erlernt.[27]

---

[22] Vgl. ebd.
[23] Vgl. Bechert/Wildgen, S. 1ff.
[24] Vgl. Riehl, S. 11.
[25] Ebd.
[26] Vgl. ebd., S. 11f.
[27] Vgl. Triarchi-Herrmann, S. 23f.

2.5.2 Natürliche und kulturelle Zweisprachigkeit

Für die Kategorie der natürlichen und kulturellen Zweisprachigkeit ist entscheidend, auf welche Weise die Zweitsprache erworben wird. Wird die Zweitsprache, entweder im frühen Kindesalter durch bilingualen Erstspracherwerb oder auch später im Jugend- oder Erwachsenenalter in fremdsprachiger Umgebung, durch den Umgang mit Muttersprachlern im Alltag erlernt, so spricht man von natürlicher oder ungesteuerter Zweisprachigkeit. Die kulturelle Zweisprachigkeit bezeichnet den Zweitspracherwerb durch strukturierten Unterricht, zum Beispiel in der Schule. Aus diesem Grund nennt man die kulturelle Zweisprachigkeit auch schulische, künstliche oder gesteuerte Zweisprachigkeit, da der Erwerb dieser – im Gegensatz zur natürlichen Zweisprachigkeit – nicht durch den alltäglichen Umgang mit Muttersprachlern erfolgt. In der Realität liegt oft eine Mischform aus natürlicher und kultureller Zweisprachigkeit vor, so beispielsweise bei Migrantenkindern aus Französisch sprechenden Ländern. Sie lernen eine der beiden Sprachen, in diesem Fall Französisch, gegebenenfalls sowohl in der Schule als Fremdsprache als auch in häuslicher Umgebung im Kontakt mit ihren Eltern.[28]

Der alleinige natürliche Erwerb einer Zweitsprache birgt jedoch die Gefahr in sich, dass dieser sich allein an der gesprochenen Varietät orientiert und der Erwerb der Schriftsprache außer Acht gelassen wird, da dieser in der Regel institutionell, vor allem in der Schule, vermittelt wird.[29] Aus diesem Grund sollten Kinder, welche im Ausland innerhalb einer anderssprachigen Sprachgemeinschaft aufwachsen, Lesen und Schreiben auch in ihrer Erstsprache erlernen.[30] Ebenso bei Kindern, deren Eltern binationale Partnerschaften bilden und die zweisprachig aufwachsen, sollte darauf geachtet werden, dass ihnen auch die Lese- und Schreibfähigkeit in der Sprache, die nicht die Umgebungssprache ist – die Lese- und Schreibkompetenzen in der Umgebungssprache werden üblicherweise ohnehin schulisch erworben –, vermittelt wird.

2.5.3 Additive und subtraktive Zweisprachigkeit

Die Unterscheidung zwischen additiver und subtraktiver Zweisprachigkeit geht auf die kognitiven und emotionalen Fähigkeiten zweisprachiger Kinder ein. Additive Zweisprachigkeit bezeichnet den positiven Einfluss des weiteren Spracherwerbs auf die Persönlichkeitsentwicklung, wogegen die subtraktive Zweisprachigkeit auf einen negativen Einfluss verweist. Kinder mit additiver Zweisprachigkeit scheinen sprachinteressierter, eloquenter, aufgeschlossener und intelligenter zu sein, während Kinder mit subtraktiver Zweisprachigkeit eine verzöger-

---

[28] Vgl. ebd., S. 24ff.; Riehl, S. 64.
[29] Vgl. Riehl, S. 64.
[30] Vgl. ebd., S. 66.

te Sprachentwicklung, emotionale Probleme, nicht selten auch schlechte Schulleistungen aufweisen.[31]

Der Semilingualismus, die so genannte doppelte Halbsprachigkeit, von welcher besonders Migrantenkinder betroffen sein können, bildet die Extremform der subtraktiven Zweisprachigkeit, da die Kinder in beiden Sprachen nur Teilkompetenzen aufweisen, das heißt, sie beherrschen beide Sprachen unzureichend: Die Kompetenz der Erstsprache geht teilweise verloren, während ihre Kenntnisse in der Zweitsprache ebenfalls als mangelhaft zu bezeichnen sind.[32] Es handelt sich um eine ernstzunehmende Sprachstörung, die bereits zu Beginn des 20. Jahrhunderts bei Indianerkindern beobachtet wurde. Kinder mit Semilingualismus weisen in der Oberflächenstruktur der Sprache einen beschränkten Wortschatz, eine teilweise falsche Aussprache und die Verwendung eines gemischten Sprachsystems auf; in der Tiefenstruktur werden Probleme bei der Einteilung von Begriffen in semantische Felder und Schwierigkeiten bei dem Verstehen und der Verwendung abstrakter Begriffe deutlich. Ebenfalls in der Denkentwicklung und der Sozialisierung lassen sich die negativen Auswirkungen des Semilingualismus beobachten, so vor allem im Lernverhalten, in schulischen Leistungen und in der Persönlichkeitsentwicklung.[33]

2.6 Begriffe zur Kennzeichnung der einzelnen Sprachen

2.6.1 Muttersprache, Vatersprache, Erstsprache

Als Muttersprache wird die Sprache bezeichnet, die ein Kind als erste Sprache, gewöhnlich über die Mutter, erwirbt. Daher stammt der Begriff Muttersprache, welcher häufig synonym zum Begriff Erstsprache verwendet wird. Da die Erstsprache nicht in jedem Fall durch den Umgang mit der Mutter erlernt wird, sondern gegebenenfalls über andere Bezugspersonen, oder weil die Muttersprache nicht immer mit der Sprache der Mutter übereinstimmt, findet der Begriff Erstsprache statt Muttersprache in der neueren Forschungsliteratur häufiger Verwendung.[34] Mit der Erstsprache ist demnach die Sprache gemeint, die ein Kind in

---

[31] Vgl. Triarchi-Herrmann, S. 26-28. Zum umstrittenen Zusammenhang zwischen Bilingualität und Intelligenz bzw. Kreativität siehe auch MacNamara.
[32] Vgl. Riehl, S. 65.
[33] Vgl. Triarchi-Herrmann, S. 29-31.
[34] Auf den Umstand, dass der Begriff *Muttersprache* nicht immer der Tatsache gerecht wird und es sich nicht immer um die Erstsprache der leiblichen Mutter handelt, verweisen auch die entsprechenden Äquivalente in anderen Sprachen. So heißt es beispielsweise im Englischen neben *mother tongue* (*Muttersprache*) ebenso *native language* (wörtlich: *einheimische, heimatliche, ursprüngliche Sprache*) oder *first language* (*Erstsprache*) und im Russischen *родной язык* (wörtlich: *eigene* oder *Heimatsprache*), während der deutsche Begriff *Muttersprachler* im Englischen mit *native speaker* (wörtlich: *einheimischer, heimatlicher, ursprünglicher Sprecher*) und im Russischen mit *носитель языка* (wörtlich: *Sprachträger*) wiederge-

seinen ersten Lebensjahren erwirbt und die es somit in seiner Sozialisation am meisten prägt.[35]
In einer bilingualen Erziehung, bei welcher das Kind von Geburt an gleichzeitig zwei Sprachen lernt und somit ein simultaner Zweisprachigkeitserwerb stattfindet, erwirbt es demnach scheinbar zwei Erstsprachen (vgl. Kapitel 2.7.1). Aus diesem Grund spricht man auch von bilingualem Erstspracherwerb. Dies geschieht in der Regel bei Kindern aus binationalen Familien, wenn also die Eltern verschiedenen Nationalitäten mit verschiedenen Sprachen angehören. Für diesen Fall haben sich die Bezeichnungen Muttersprache für die Erstsprache der Mutter und Vatersprache für die Erstsprache des Vaters eingebürgert.[36] Für den Spracherwerb bilingualer Kinder aus binationalen Familien ist es laut Triarchi-Herrmann[36] wichtig, dass das „Eine Person – eine Sache"-Prinzip[37] beachtet wird, welches besagt, dass jedes Elternteil konsequent in seiner Erstsprache mit dem Kind sprechen sollte. So verknüpft das Kind jede Sprache mit einem Elternteil, was sich, wie die Forschung gezeigt hat, auf die Sprachentwicklung des Kindes positiv auswirkt. Zudem ist es wichtig, dass das Kind durch seine Eltern eine positive Einstellung beiden Sprachen gegenüber vermittelt bekommt, denn dadurch, dass die Elternteile jeweils in ihrer Erstsprache mit dem Kind kommunizieren, stärken sie das Prestige ihrer jeweiligen Erstsprache, und es ist weniger wahrscheinlich, dass sich das Kind später einer der Sprachen verweigert.[38]

2.6.2 Familiensprache und Umgebungssprache

Die Unterscheidung von Familien- und Umgebungssprache betrifft vor allem die Sprachen von Migranten. Der Begriff Familiensprache bezeichnet die Sprache, die innerhalb der Familie gesprochen wird. In mehrsprachigen Familien, wenn demnach Mutter- und Vatersprache verschieden sind, meint Familiensprache die Sprache, in welcher die Eltern miteinander kommunizieren.[39]
Der Begriff Umgebungssprache hingegen kennzeichnet die Sprache, die in der Welt außerhalb der Familie dominiert.[40] So ist zum Beispiel bei vielen türkischen beziehungsweise türkischstämmigen Familien, welche in Deutschland le-

---

geben wird. Aus diesem Grund wird in der vorliegenden Arbeit der Begriff *Muttersprache* als solcher nur im Kontext der bilingualen Erziehung von Kindern aus binationalen Familien im Unterschied zur *Vatersprache* (s. u.) bzw. als identitätsstiftendes Kriterium in der Gruppe der Russlanddeutschen verwendet und sonst durch den Begriff *Erstsprache* ersetzt, da dieser seiner Bedeutung gerechter wird. Zum Begriff der *Muttersprache* in der wissenschaftlichen Diskussion vgl. auch Jampert, S. 78f.
[35] Vgl. Triarchi-Herrmann, S. 31f.
[36] Vgl. ebd., S. 32.
[37] Vgl. ebd., S. 113-119; Riehl, S. 68.
[38] Vgl. ebd.
[39] Vgl. Triarchi-Herrmann, S. 32f.
[40] Vgl. ebd., S. 33.

ben, die Familiensprache türkisch und die Umgebungssprache deutsch.
Familiensprache und Umgebungssprache können bei zweisprachigen Kindern auch identisch sein. Dies trifft dann zu, wenn die Eltern Angehörige verschiedener Nationalitäten sind und die Familie in dem Land lebt, dessen Sprache auch die Sprache ist, in der die Eltern miteinander kommunizieren.[41] Zur Verdeutlichung sei folgendes Beispiel genannt: Die Mutter ist Russin und spricht mit dem Kind Russisch, der Vater hingegen ist Deutscher und kommuniziert mit dem Kind auf deutsch, die Eltern sprechen miteinander Deutsch und die Familie lebt zudem in Deutschland.

2.6.3 Zweitsprache versus Erstsprache

Um eine explizite Zweitsprache handelt es sich in der Regel nur dann, wenn sukzessive Zweisprachigkeit vorliegt, wenn also das Kind frühestens nach Vollendung des dritten Lebensjahres eine zweite Sprache erlernt, nachdem es bereits die Grundkenntnisse seiner Erstsprache sicher erworben hat. Wird diese Zweitsprache noch während der Kindheit erlernt, so beeinflusst diese die Entwicklung des Kindes in starkem Maße.[42]

Erwirbt ein Kind jedoch von Geburt an zwei Sprachen und handelt es sich um simultane Zweisprachigkeit, so ist der Begriff Zweitsprache nicht angemessen, da folgerichtig, zumindest der Theorie nach, zwei Erstsprachen erworben werden. In der Praxis zeigt sich allerdings häufig, dass spätestens im jungen Erwachsenenalter selten beide Sprachen auf dem muttersprachlichen Niveau Monolingualer beherrscht werden (vgl. Kapitel 2.6.4 und 2.7.1) und dass, nach meinen Beobachtungen, dies den zweisprachig aufgewachsenen Personen durchaus bewusst ist und sie zudem in der Lage sind, von sich aus ihre Sprachen in Erst- und Zweitsprache zu unterscheiden.

2.6.4 Starke und schwache Sprache

Häufig beherrschen zweisprachige Kinder ihre beiden Sprachen auf unterschiedlichem Niveau, unabhängig davon, welche Sprache die Erst- und welche die Zweitsprache darstellt. In vielen Fällen jedoch wird mindestens eine Sprache so gut gesprochen wie von einsprachigen Gleichaltrigen. Die Sprache, welche besser entwickelt ist als die andere, nennt man starke oder dominante Sprache. Meistens entspricht diese der Umgebungssprache. Die andere Sprache reicht selten an das Niveau der starken Sprache heran und wird aus diesem Grund als schwache Sprache bezeichnet.[43]

---

[41] Vgl. ebd.
[42] Vgl. ebd., S. 34.
[43] Vgl. ebd., S. 35.

Es sind mehrere Faktoren, die zur Herausbildung der starken und schwachen Sprache führen. Zum einen ist die Intensität der sprachlichen Reize, denen das Kind im Alltag ausgesetzt ist, von großer Bedeutung. Zum anderen spielt die Häufigkeit der angebotenen Gebrauchsmöglichkeiten der Umgebungssprache eine entscheidende Rolle. Nicht hoch genug einzuschätzen sind auch soziokulturelle Faktoren.[44] Triarchi-Herrmann führt hierzu aus:

> „Die Gefühle und Einstellungen, welche das unmittelbare Umfeld der Kinder für die von ihnen gesprochene Sprache aufbringt, können sich positiv oder negativ auf ihren Spracherwerb auswirken. Wenn [in zweisprachigen Familien, B. P.] zum Beispiel der Vater die Sprache der Mutter nicht schätzt und zu deren Familie keinen Kontakt pflegen will, ist es nicht verwunderlich, dass sich das zweisprachige Kind davon beeinflussen lässt und kein Interesse mehr daran zeigt, diese Sprache zu lernen. Außerdem wird dem Kind die Gelegenheit genommen, diese Sprache häufig zu hören oder zu sprechen. Das Prestige der Muttersprache ist gering."[45]

Verständlicherweise greift ein Kind häufiger auf die dominante Sprache zurück, so dass sich diese wiederum stärker entwickelt, während die schwache Sprache „zu verkümmern droht"[46]. Auf diese Weise entsteht im Einzelfall ein schwer zu durchbrechender Kreislauf.[47]

Manche zweisprachige Menschen ordnen verschiedene Themen und Erlebnisbereiche einer jeweiligen Sprache zu, weil sie sich in der einen Sprache problemlos zu bestimmten Themen äußern können, während ihnen dies in der anderen Sprache sehr schwer fällt, da hier ihr Wortschatz begrenzter und somit weniger ausdifferenziert ist.[48]

2.7 Zeitpunkt des Zweitspracherwerbs

Je nach dem Zeitpunkt, zu dem eine Person die Zweitsprache erwirbt, lassen sich drei Möglichkeiten des Zweitspracherwerbs unterscheiden: der bilinguale Erstspracherwerb (die zweisprachige Sprachentwicklung), der frühere Zweitspracherwerb und der spätere Zweitspracherwerb. Die Frage nach den Auswirkungen des Zeitpunkts des Zweitspracherwerbs auf die Sprachfähigkeiten wurde jahrzehntelang dahingehend beantwortet, dass vor allem kleine Kinder leichter als Erwachsene eine Zweitsprache erlernen können.[49] Nach Triarchi-Herrmann

---

[44] Vgl. ebd., S. 36.
[45] Ebd.
[46] Ebd.
[47] Vgl. ebd.
[48] Vgl. ebd.
[49] Zur Diskussion um den Einfluss des Alters zum Zeitpunkt des Zweitspracherwerbs vgl. auch das Interview von Martin Spiewak mit Jürgen M. Meisel und Elsbeth Stern in der Wochenzeitung DIE ZEIT vom 02.03.2006, S. 37. Stern vertritt die Ansicht, „dass das

haben jedoch zahlreiche empirische und experimentelle Untersuchungen der Zweisprachigkeitsforschung dies nicht bestätigt, sondern ergeben, dass Kinder hinsichtlich des Erwerbs von Zweisprachigkeit nicht zwangsläufig aufgrund einer sensiblen Phase Erwachsenen gegenüber überlegen sind. Demzufolge ist das Alter allein nicht ausschlaggebend für den Erfolg des Zweitspracherwerbs. Es ist lediglich erwiesen, dass sich der Zweisprachigkeitserwerb im Kindesalter bezüglich der phonetischen Ebene günstig auswirkt. Somit verfügen Personen, die ihre Zweisprachigkeit bereits während der Kindheit erwarben, häufig auch in der Zweitsprache über korrekte Aussprache, Intonation, Sprachrhythmus und somit über weitgehende Akzentfreiheit.[50] Im Folgenden werden die verschiedenen Zeitpunkte des Zweitspracherwerbs im Zusammenhang mit der Erstsprachentwicklung kurz dargelegt.

2.7.1 Bilingualer Erstspracherwerb

Auch als zweisprachige Sprachentwicklung[51] bezeichnet, umfasst der bilinguale Erstspracherwerb den Prozess des Zweitspracherwerbs, den solche Kinder durchlaufen, welche von Geburt an zwei Sprachen lernen, wenn also simultane Zweisprachigkeit vorliegt.[52] Man spricht auch von der koordinierten Zweisprachigkeit[53], was darauf verweist, dass die Wörter und die dazugehörigen Bedeutungen der einzelnen Sprachen getrennt voneinander erworben und gespeichert werden.[54]

Dies ist vor allem bei den Kindern der Fall, deren Eltern verschiedenen Nationalitäten angehören und verschiedene Erstsprachen sprechen, wenn jedes Elternteil mit dem Kind in seiner jeweiligen Erstsprache kommuniziert. Aber auch Kinder, welche im Ausland geboren werden und aufwachsen – wenn sich demzufolge Familiensprache und Umgebungssprache unterscheiden –, können von Geburt an zweisprachig aufwachsen, vorausgesetzt, sie haben häufig und konstant Gelegenheit, mit der Umgebungssprache in Kontakt zu kommen. Konkret bedeutet dies beispielsweise, dass sie den lokalen Kindergarten besuchen.[55]

Bilingualer Erstspracherwerb findet demnach in den folgenden drei Konstellationen statt: 1. Es gibt eine Familiensprache in Bezug auf die Einsprachigkeit

---

Fremdsprachenlernen mit zunehmendem Alter schwieriger wird, weil der Unterschied zur Muttersprache gewachsen ist. [...] Ein Sechsjähriger [...], der in ein fremdes Land kommt, erreicht schnell das Niveau seiner Alterskameraden, weil diese ebenfalls noch nicht übermäßig eloquent sind. Er braucht nicht so viel aufzuholen." Ebd.

[50] Vgl. Triarchi-Herrmann, S. 56.
[51] Vgl. ebd., S. 49.
[52] Vgl. ebd., S. 50.
[53] Zur uneinheitlichen Verwendung der Begriffe *koordinierte/kompositionelle/subordinierte Bilingualität* siehe auch Diller und MacNamara.
[54] Vgl. Triarchi-Herrmann, S. 54.
[55] Vgl. ebd., S. 50.

innerhalb der Familie und eine Umgebungssprache. 2. Die Familie ist gemischtsprachig und die Umgebungssprache entspricht der Erstsprache eines der Elternteile. 3. Die Familie ist zweisprachig und die Umgebungssprache stellt eine weitere, dritte Sprache dar.[56]
Die zweisprachige Sprachentwicklung basiert auf der simultanen Zweisprachigkeit und bedeutet, dass die Sprachentwicklung in beiden Sprachen gleichzeitig abläuft, weil das Kind dauerhaft mit beiden Sprachen konfrontiert wird. Dies heißt jedoch nicht, dass alle Phasen der Sprachentwicklung in beiden Sprachen parallel ablaufen, manche verlaufen auch nacheinander.[57]
Nicht nur der Spracherwerb an sich, auch die Gesamtentwicklung und die Sozialisierung des Kindes werden durch die zweisprachige Sprachentwicklung in erheblichem Maße beeinflusst, denn unter anderem ist die Denkentwicklung eng mit der Sprachentwicklung verbunden. Wenn das Kind für jede Bedeutung zwei Begriffe lernt, erfolgt nicht nur eine Erweiterung des Lexikons, sondern sein Denken wird ebenfalls dabei gefördert, denn nicht immer stimmen die Bedeutungen der Begriffe in beiden Sprachen vollkommen überein. Diese semantischen Feinheiten unterstützen nicht nur die Sprachfähigkeit des Kindes, zudem lernt es, sich differenziert auszudrücken, wodurch wiederum die Wahrnehmungsfähigkeit von Nuancen gefördert wird. Außerdem wird das Kind befähigt, seine Gefühle in beiden Sprachen zu formulieren, da seine Emotionalität mit Begriffen und deren Bedeutungen aus beiden Sprachen gefüllt wird. Sprache ist stets auch an die jeweilige Kultur geknüpft, so dass ebenso die Persönlichkeit, die Identität und das Temperament des zweisprachigen Kindes von beiden Kulturen bestimmt werden. Dies hat zur Folge, dass seine Sozialisierung von den Normen und Werten beider Kulturen geprägt wird.[58]
Die Bezeichnung bilingualer Erstspracherwerb deutet daraufhin, dass es sich bei der zweisprachigen Sprachentwicklung um den parallelen Erwerb von zwei Erstsprachen handelt (vgl. Kapitel 2.6.3 und 2.6.4). Jedoch erweist sich früher oder später eine der beiden Sprachen als die starke, dominante Sprache, die gewöhnlich die der Umgebung ist, da sie von weit mehr Menschen gesprochen wird als die Familiensprache. Deshalb werden im Sprachentwicklungsprozess die Spracherwerbsphasen der Umgebungssprache schneller vollzogen. Die Entwicklung der Familiensprache folgt normalerweise in den Sprachentwicklungsphasen nach, und diese stellt sich in späteren Jahren oft als die schwache Sprache heraus.[59]

---

[56] Vgl. Riehl, S. 67.
[57] Vgl. Triarchi-Herrmann, S. 50f.
[58] Vgl. ebd., S. 51f.
[59] Vgl. ebd., S. 52.

2.7.2 Der frühere Zweitspracherwerb

Der so genannte frühere Zweitspracherwerb findet statt, wenn Kinder erst nach Vollendung des dritten Lebensjahres, aber vor Beginn der Pubertät, eine zweite Sprache erlernen. Zu diesem Zeitpunkt verfügen sie bereits über einen Grundwortschatz und grammatikalische Grundstrukturen in der Erstsprache, das heißt, der Erstspracherwerb befindet sich bereits in einem fortgeschrittenen Entwicklungsstadium. Manchmal ist zu beobachten, dass beim früheren Zweitspracherwerb die Entwicklung der Erstsprache vorübergehend stehen bleibt, während die Entwicklung der Zweitsprache schnell voranschreitet.[60]

2.7.3 Der spätere Zweitspracherwerb

Der spätere Zweitspracherwerb wird vollzogen, wenn die zweisprachige Person die Zweitsprache erst in der Pubertät oder im Erwachsenenalter erwirbt. Hier erfolgen die Erwerbsprozesse in der Regel über die Erstsprache. Diese Art der Zweisprachigkeit wird auch als subordinierte Zweisprachigkeit gegenüber der koordinierten Zweisprachigkeit bezeichnet, denn hier stimmen die Bedeutungseinheiten in beiden Sprachen überein, weil sie von der Erstsprache übertragen werden. Das bedeutet, dass man anstelle des muttersprachlichen Begriffs das entsprechende Wort der Zweitsprache verwendet. Zudem verläuft auch der Erwerb grammatischer Strukturen über die Erstsprache, was dazu führt, dass sowohl auf der phonologischen als auch auf der semantischen und morphosyntaktischen Ebene Interferenzen auftreten können.[61]

2.8 Besonderheiten in der Sprache von Zweisprachigen

Die Sprache von Zweisprachigen weist einige Charakteristika auf, welche sie von der Sprache Einsprachiger unterscheiden. Dies sind im Wesentlichen Interferenzen, Code-switching und Code-mixing,[62] die häufig im Gespräch mit ebensolchen Zweisprachigen auftreten und von den Gesprächspartnern teilweise nicht bewusst wahrgenommen werden, die jedoch zu Problemen führen können, wenn der Gesprächspartner nicht über die gleiche Zweisprachigkeit verfügt.

2.8.1 Code-switching

Der Begriff Code-switching bezeichnet das bewusste oder unbewusste Umschalten einer zweisprachigen Person von der einen in die andere Sprache, das heißt von einem Code im Sinne eines Verständigungssystems in einen anderen, und

---

[60] Vgl. ebd., S. 53.
[61] Vgl. ebd., S. 54f.
[62] Vgl. ebd., S. 37.

bezieht sich auf einzelne Wörter, Phrasen oder auf ganze Sätze.[63] Dabei entsteht keine Sprachmischung, die Sequenzen der einzelnen Sprachen sind klar voneinander zu unterscheiden. Beim Code-switching entsprechen häufig auch Sprachrhythmus, Sprechgeschwindigkeit, Mimik und Gestik der momentan verwendeten Sprache.[64]
Laien betrachten dieses Phänomen des Sprachwechsels oft als Zeichen unzureichender Sprachbeherrschung, während Wissenschaftler dies als „hohe kommunikative Leistung"[65] bewerten, weil der Betroffene fähig ist, je nach Bedarf innerhalb einer Gesprächssituation von der einen in die andere Sprache zu wechseln. Code-switching gilt als wichtige Kommunikationsstrategie Bilingualer. Demnach handelt es sich dabei um eine völlig normale Erscheinung, welche keineswegs ein Indiz für mangelnde Sprachbeherrschung darstellt und somit weder als Sprachfehler noch als Sprachstörung aufzufassen ist.[66] Volker Hinnenkamp und Katharina Meng behaupten sogar, dass sich hinter einem derartigen „Überspringen von Sprachgrenzen"[67] eigene – polykulturelle – Identitäten und Selbstverständnisse verbergen: Das Code-switching stellt für Zwei- beziehungsweise Mehrsprachige eine Ausdrucksform zur Identifizierung mit einer bestimmten Gruppe dar.[68]

2.8.1.1 Kommunikative Funktionen des Code-switchings

Das Umschalten von der einen in die andere Sprache erfüllt häufig Funktionen kommunikativer Natur. Deshalb wird das funktionale Code-switching als soziolinguistisch motiviertes Verhalten aufgefasst.[69] Gründe für das Code-switching liegen laut Triarchi-Herrmann vor allem in Wortschatzlücken in einer der beiden Sprachen, auf die man in einer Kommunikationssituation stößt: Es kann im Augenblick nicht auf den passenden Ausdruck zugegriffen werden. Dies tritt vor allem auf, wenn der Sprecher müde oder emotional belastet, also zum Beispiel nervös oder verärgert ist. Doch auch unabhängig von psychischen oder physischen Bedingungen ist Code-switching zu beobachten, weil die bilinguale Person ihre Gedanken zum Gesprächsthema genauer und treffender in der einen Sprache auszudrücken vermag als in der anderen.[70]
Eine andere Funktion für das Code-switching dient auf der sozialen Ebene dem solidarischen Verhalten, wenn die bilinguale Person in einer Gruppe auf die

---

[63] Vgl. Triarchi-Herrmann, S. 44; Bechert/Wildgen, S. 2f.
[64] Vgl. Triarchi-Herrmann, S. 44.
[65] Ebd., S. 45.
[66] Vgl. ebd., S. 45f.
[67] Hinnenkamp/Meng, S. 7.
[68] Vgl. ebd.
[69] Vgl. Riehl, S. 27.
[70] Vgl. Triarchi-Herrmann, S. 45.

Sprache der Sprachminderheit umschaltet.[71] Andersherum, so führen Johannes Bechert und Wolfgang Wildgen aus, wird Code-switching angewendet, wenn jemand aus der Unterhaltung ausgeschlossen werden soll. Weitere Motive bestehen darin, dass der Zweisprachige seinen Worten eine „persönliche Note"[72] geben oder seine Aussage zusätzlich unterstreichen will.[73]
Riehl führt zu den von Triarchi-Herrmann und Bechert/Wildgen angegebenen Gründen für das Umschalten von der einen in die andere Sprache noch weitere Motive an, welche sich aus der jeweiligen Situation ergeben. So ist die Örtlichkeit ein wesentlicher Faktor beim Code-switching. Zum Beispiel wechseln Migranten gezwungenermaßen die Sprache beim Betreten einer öffentlichen Institution – hier werden sie in ihrer Heimatsprache nicht verstanden, so dass sie ihr Anliegen in der jeweiligen Landessprache vorbringen müssen. Auch können Bilinguale miteinander die Sprache wechseln, wenn sie die zwei Sprachen verschiedenen Lebensbereichen zuordnen, wenn also beispielsweise geschäftliche oder politische Themen in der einen und private Themen in der anderen Sprache besprochen werden.[74]

2.8.1.2 Nicht-funktionales Code-switching

Code-switching, das keine Funktionen in der Kommunikation erfüllen soll, geschieht meistens ohne besondere Absicht des Sprechers und wird durch so genannte Auslösewörter hervorgerufen. Man spricht hierbei auch von psycholinguistisch motiviertem Code-switching.[75] Auslösewörter können unter anderem Eigennamen sein. So ist zum Beispiel häufig zu beobachten, dass bei Aufzählungen von Eigennamen verbindende Konjunktionen wie das deutsche *und* in der jeweils anderen Sprache wiedergegeben werden. Wird im Satz eine Realie benannt, die nicht übersetzt werden kann, so hat dies auch oft zur Folge, dass der Satz in der anderen Sprache weitergeführt wird. Auch homophone Wörter, vor allem in eng verwandten Sprachen, können das Umschalten in die andere Sprache bewirken.[76]
Diese Auslösewörter, in der Fachsprache auch unter dem Terminus triggerwords bekannt,[77] haben jedoch sehr individuelle Auswirkungen. Nicht jeder Zweisprachige reagiert gleichermaßen auf solche Auslösewörter.[78]

---

[71] Vgl. ebd.
[72] Bechert/Wildgen, S. 65.
[73] Vgl. ebd.
[74] Vgl. Riehl, S. 23.
[75] Vgl. ebd., S. 27.
[76] Vgl. ebd., S. 25-27.
[77] Vgl. ebd., S. 25.
[78] Vgl. ebd., S. 27.

2.8.1.3 Code-switching versus Code-mixing

Code-mixing bildet die Extremform des Code-switchings.[79] Allerdings ist darauf hinzuweisen, dass man in der Literatur auf uneinheitliche Definitionen und Abgrenzungen von Code-switching und Code-mixing stößt. Bei Triarchi-Herrmann wird der Unterschied zwischen beiden Erscheinungen nicht deutlich. Sie versteht unter Code-mixing den Einbau einzelner Substantive, Adjektive oder Verben aus der einen Sprache in die andere, wie dies auch beim Code-switching der Fall ist. Diese eingebauten Elemente treten nach Triarchi-Herrmann hier jedoch nur stellenweise auf, tragen oft den Charakter eines Fremdkörpers und stören somit den Redefluss. Diese Sprachmischungen seien vor allem bei zweisprachigen Kindern in der frühen Phase der Sprachentwicklung zu beobachten, also zwischen dem zweiten und dritten Lebensjahr. Sie verweist darauf, dass aus diesem Grund vermutet wird, dass Kinder zu Beginn ihrer Sprachentwicklung über ein einheitliches Sprachsystem verfügen.[80]

Wie bei allen Besonderheiten der Sprache von Zweisprachigen, so hängt auch das Auftreten von Sprachmischungen von dem Gesprächspartner, der Gesprächssituation und dem Gesprächsthema ab. Im weiteren Verlauf der Sprachentwicklung, spätestens nach Vollendung des dritten Lebensjahres, nimmt gewöhnlich die Häufigkeit des Code-mixings ab. Dieses punktuelle Umschalten zwischen den beiden Sprachen ist auf Lücken im Wortschatz und eine Art von Bequemlichkeit zurückzuführen: Das zweisprachige Kind will sich aus seiner Sprachnot verhelfen, indem es auf die andere Sprache zurückgreift.[81]

Triarchi-Herrmann weist zudem darauf hin, dass Sprachmischungen in der Anfangsphase des Spracherwerbs bei bilingualen Kindern als normale Erscheinung anzusehen sind.[82] Normalerweise lässt das Code-mixing nach, sobald der Wortschatz groß genug ist und das Kind nicht mehr darauf angewiesen ist, auf Entlehnungen aus der anderen Sprache zurückzugreifen.[83] Riehl begründet das Sprachmischen zu Beginn der zweisprachigen Sprachentwicklung so:

> „Am Anfang legt das Kind mehr Wert darauf, neue Bezeichnungen für die Objekte und Konzepte seiner Umwelt zu lernen, als dass es Wert darauf legt, Übersetzungsäquivalente zu erwerben. Also, ein Wort für ein Objekt ist erstmal genug."[84]

---

[79] Vgl. Bechert/Wildgen, S. 65.
[80] Vgl. Triarchi-Herrmann, S. 46f.
[81] Vgl. ebd., S. 47.
[82] Vgl. ebd.
[83] Vgl. Riehl, S. 70.
[84] Ebd.

Später sollten Sprachmischungen jedoch nicht mehr auftreten. Eltern von Kindern mit simultanem Zweisprachigkeitserwerb sollten darauf achten, dass sie selbst Sprachmischungen vermeiden, da sonst eine verspätete Differenzierung der beiden Sprachsysteme zu erwarten ist.[85]
Zur genaueren Unterscheidung von Code-mixing und Code-switching bezieht Riehl sich auf Auer (1999) und führt als wichtigstes Unterscheidungskriterium die Erkennbarkeit einer dominierenden Sprache innerhalb der Sequenz, in welcher das Phänomen auftritt, an. Demnach bedeutet Code-switching, dass eine der beiden verwendeten Sprachen dominiert und dass der Wechsel in die andere Sprache eine bestimmte Funktion hat, während beim Code-mixing nicht mehr zu erkennen ist, welche Sprache die Grundstruktur der Aussage darstellen soll.[86]
Als historische Ergebnisse von Sprachmischungen eines Jahrhunderte andauernden Prozesses sind die Pidgin-[87] und Kreolsprachen[88] aufzufassen.[89]

2.8.2 Interferenzen

Dass Bilinguale häufig von der einen in die andere Sprache wechseln, weist daraufhin, dass beide Sprachen „ständig in ihrem Gedächtnis präsent sind. Wenn sie eine Sprache benutzen, wird die andere nicht völlig ausgeblendet, sondern bleibt im Hintergrund und kann jederzeit sofort aktiviert werden."[90] Dies wiederum wirkt sich auf die jeweiligen Sprachen aus, sie werden stellenweise an das Muster der jeweils anderen Sprache angepasst.[91]
Diese Überlagerungen von Elementen, Merkmalen, Regeln und Strukturen von einer Sprache in die andere, die zu Strukturveränderungen in der aufnehmenden

---

[85] Vgl. Triarchi-Herrmann, S. 47f.
[86] Vgl. Riehl, S. 22.
[87] Pidginsprachen sind aus der Überformung von Sprachen entstandene Mischsprachen mit einem sehr begrenzten Wortschatz von 700 bis 2000 Wörtern und weniger komplexen grammatischen Strukturen. Sie sind niemals Erstsprache für ihre Sprecher, sondern als Lingua franca zu verstehen in Regionen, in denen verschiedene Völker mit unterschiedlichen Sprachen leben. Zu den Ursprungssprachen, aus denen Pidginsprachen entstanden, zählen vor allem Englisch, Französisch, Spanisch, Italienisch, Zulu und Chinook, eine nordamerikanische Indianersprache. Vgl. Microsoft Encarta Enzyklopädie 2004. Stichwort: Pidginsprachen. Siehe dazu auch Riehl, S. 99-115.
[88] Kreolsprachen bezeichnen solche Sprachen, „die mit Beginn der Kolonisierung im 17. Jahrhundert durch die wechselseitige Durchdringung der jeweiligen europäischen Sprache mit der des kolonisierten Landes entstanden." Im Unterschied zu Pidginsprachen verfügen die kreolischen Sprachen über eine komplexere Grammatik und einen größeren Wortschatz. Sie können, aus Pidginsprachen entstanden, über Generationen zu Erstsprachen werden, während Pidginsprachen hingegen lediglich Verkehrssprachen in mehrsprachigen Gesellschaften darstellen. Vgl. Microsoft Encarta Enzyklopädie 2004. Stichwort: Kreolsprachen.
[89] Vgl. Bechert/Wildgen, S. 129-144.
[90] Riehl, S. 28.
[91] Vgl. ebd.

Sprache führen, werden als Interferenzen oder Transferenzen[92] bezeichnet. Eine Sprache wird von der anderen beeinflusst, was in der Regel bedeutet, dass das Sprachsystem der schwachen Sprache von dem der starken Sprache beeinflusst wird. Diese Überlagerungen können zu Fehlern führen, sind beim zweisprachigen Kind aber oft von vorübergehendem Charakter. Sie sind demnach sprachentwicklungsbedingt und sollten nicht als Aussprachestörung angesehen werden. Häufig werden sie von den Sprechern selbst nicht wahrgenommen. Solche Transfererscheinungen treten sowohl auf der phonologischen Ebene als auch auf der lexikalischen, morphosyntaktischen und semantischen Ebene auf.[93]

Das Auftreten von Interferenzen hat vielfältige Ursachen. So kommen sie beispielsweise aufgrund von Ähnlichkeiten zwischen den beiden Sprachen auf der semantischen, phonologischen oder morphologischen Ebene zustande. Üblicherweise treten sie nicht bei einfachen, sondern bei der Bildung komplexerer Strukturen auf. Interferenzen verweisen auch auf physiologische Umstände und treten dann hervor, wenn die zweisprachige Person müde und erschöpft ist, unter Stress oder anderen emotionalen Belastungen steht. Auch die Gesprächssituation, das Gesprächsthema oder die Einstellung gegenüber dem Gesprächspartner kann die Entstehung von Interferenzen begünstigen. Bei zweisprachig aufwachsenden Kindern ist der Einfluss von Eltern und Freunden maßgeblich für das Ausmaß von Interferenzen, diese sollten sich daher ihrer Vorbildfunktion in der zweisprachigen Erziehung bewusst sein.[94]

2.8.2.1 Phonologische Interferenzen

Auf phonologischer Ebene führen Interferenzen dazu, dass manche Bilinguale in einer Sprache einen Akzent aufweisen. So ist beispielsweise das Phänomen des Akanje im Russischen bei manchen russisch-deutsch Zweisprachigen ebenso im Gebrauch des Deutschen zu beobachten: Das Phonem /o/, welches im Russischen bei fehlender Betonung als kurzes a ausgesprochen oder zum „Murmellaut" reduziert wird, wird dann auch in der Verwendung der deutschen Sprache so realisiert. Solche phonologischen Interferenzen kommen zustande, weil Phoneme in der schwachen Sprache nach Regeln der starken Sprache realisiert werden. Sie können Auslöser für Missverständnisse sein, wenn durch die unkorrekte Aussprache ein anderes Wort entsteht als gemeint war.[95]

---

[92] Riehl verweist darauf, dass der Begriff *Interferenz* aus der älteren Sprachkontaktforschung negativ besetzt sei (engl. *interference* Einmischung), und verwendet daher u. a. in Bezug auf Clyne den Begriff *Transferenz* (engl. *transfer* Übertragung, Übernahme) statt *Interferenz*. Vgl. Riehl, S. 28. In der vorliegenden Arbeit werden die Begriffe *Interferenz* und *Transferenz* jedoch parallel und wertfrei zur Beschreibung desselben Phänomens gebraucht.
[93] Vgl. Triarchi-Herrmann, S. 38f.; Riehl, S. 28.
[94] Vgl. Triarchi-Herrmann, S. 42f.
[95] Vgl. ebd., S. 39f.

Lautliche Interferenzen treten jedoch nicht nur bei der Aussprache einzelner Laute auf, sie beziehen sich auch auf Sprachrhythmus und Intonation. Was die Prosodie, den Sprachrhythmus, betrifft, so kommt es dann zu Interferenzen, wenn Silben in der schwachen Sprache nach den Betonungsregeln der starken Sprache akzentuiert werden.[96] Ein in dieser Gegend häufig wahrgenommenes Beispiel findet sich bei russischsprachigen Kommilitonen, wenn sie den Namen der Stadt, in der sie studieren, aussprechen: Manche sagen *Greifswáld* statt *Gréifswald*, weil sie die Betonungsregeln des Russischen auf das Deutsche übertragen und statt der ersten die zweite Silbe betonen.

2.8.2.2   Lexikalische Interferenzen

Lexikalische Interferenzen entstehen, wenn Wörter direkt aus der einen Sprache in die andere transferiert werden. Dabei werden diese oft sowohl phonologisch als auch morphosyntaktisch an die zweite Sprache angepasst. Lexikalische Interferenzen beinhalten auch den Transfer von feststehenden Redewendungen und Phraseologien der einen Sprache in die andere.[97] So konnte ich beobachten, wie eine Russischsprachige, welche seit etwa drei Jahren in Deutschland lebt, häufig mit den Worten *Я понимаю вокзал* (*Ich verstehe Bahnhof*) zum Ausdruck bringt, dass sie etwas nicht versteht, und somit auf Russisch eine Redewendung gebraucht, welche sie aus dem Deutschen übernommen hat und die in dieser Form in der russischen Sprache nicht üblich ist.

Die Abgrenzung lexikalischer Interferenzen vom Code-switching wird in der Literatur nicht eindeutig vorgenommen, da sich das Code-switching, ebenso wie lexikalische Interferenzen, auch auf einzelne Wörter oder Phrasen beziehen kann. Als Kriterium zur Unterscheidung dieser Phänomene wird häufig der Integrationsgrad der Elemente der anderen Sprache in die momentan verwendete Sprache genannt: Während lexikalische Transferenzen von einer morphosyntaktischen Anpassung an die aufnehmende Sprache gekennzeichnet sind, findet beim Code-switching ein völliger Wechsel von der einen in die andere Sprache statt, somit wird keine vergleichbare Integration der fremden Elemente vollzogen. Da auch beim Code-switching häufig eine phonologische Anpassung vorgenommen wird, kann die phonologische Ebene bei der Abgrenzung von lexikalischen Interferenzen und Code-switching außer Betracht gelassen werden. Das zweite Kriterium betrifft die Gebrauchsfrequenz der fremden Elemente. „Wird der Ausdruck häufig und von mehreren Personen der bilingualen Gruppe benutzt, ist er Bestandteil des gruppenspezifischen Lexikons und somit als Transferenz zu definieren."[98] Alexandra Goldbach verweist auf Esma Gregor, welche

---

[96] Vgl. ebd., S. 40.
[97] Vgl. ebd., S. 40f.
[98] Goldbach, S. 19.

„eine Differenzierung zwischen den beiden Phänomen als nicht unbedingt notwendig erachtet"[99], während sie selbst durchaus eine Unterscheidung vornimmt. Für sie gilt ein fremdes Element dann als lexikalische Transferenz, wenn sowohl eine morphosyntaktische Integration zu erkennen als auch die Gebrauchsfrequenz sehr hoch ist, wenn es also von mehreren Sprechern häufig verwendet wird und in den fremdsprachigen Medien auftritt. Taucht das fremde Element nur einmalig auf und erfolgt keine morphosyntaktische Integration, so handelt es sich um Code-switching.[100]

2.8.2.3 Morphosyntaktische Interferenzen

Morphosyntaktische Interferenzen bezeichnen die Übertragung von Strukturen aus der starken in die schwache Sprache. Sie zeigen sich auf der syntaktischen Ebene in der Wortstellung, im Gebrauch von Verben und deren Zeitformen, Artikeln, Präpositionen, Adjektiven und Adverbien, aber auch im Auslassen von grammatischen Elementen. Morphologische Interferenzen werden unter anderem dann deutlich, wenn das transferierte Wort die entsprechende Endung der Basissprache erhält, so zum Beispiel in der Frage *Когда ты анмельдуешься?* (*Wann meldest du dich an?*). Insgesamt handelt es sich um einen russischen Satz, denn Russisch ist hier die Basissprache, das Prädikat jedoch stellt eine Mischung aus Russisch und Deutsch dar. Es besteht aus dem deutschen Präfix *an-* und dem Wortstammmorphem *-meld-* sowie den grammatischen Morphemen der Basissprache Russisch *у-ешь-ся*.[101] Da die russische Entsprechung *отметиться* dem deutschen Verb *sich anmelden* nicht in jedem Kontext gerecht wird und es zur genauen Erklärung noch weiterer Wörter bedarf, ist es für die in Deutschland lebenden Russischsprachigen einfacher, das deutsche Verb *sich anmelden* in die russische Struktur zu integrieren, denn der ebenfalls russischdeutsch zweisprachige Gesprächspartner weiß dies einzuordnen.[102]

Es ist zu beobachten, dass morphosyntaktische Interferenzen unsystematisch auftreten. Manchmal überschneiden sich die grammatikalischen Interferenzen mit den lexikalischen. Ausgelöst werden derartige Übertragungen, wenn die zweisprachige Person bei der Verwendung der schwachen Sprache Strukturen der starken Sprache benutzt, um sich schneller und genauer ausdrücken zu können, wie im obigen deutsch-russischen Beispiel gezeigt wurde.[103]

---

[99] Ebd.
[100] Vgl. Goldbach, S. 18ff.
[101] Vgl. Meng/Protassova, S. 243.
[102] Vgl. ebd., S. 246.
[103] Vgl. Triarchi-Herrmann, S. 41f.

2.8.2.4 Semantische Interferenzen

Wird die Bedeutung eines Begriffs in der einen Sprache auf denselben Begriff in der Übersetzung übertragen, obwohl jenes Übersetzungsäquivalent nicht über diesen Bedeutungsumfang verfügt, spricht man von semantischen Interferenzen. So ist zum Beispiel im Namibiadeutschen im Gegensatz zum Standarddeutschen der Satz möglich: *Diese Straße ist sehr beschäftigt*, was man in Deutschland wiedergeben würde mit: *Diese Straße ist sehr belebt*. Hier hat demzufolge das deutsche Partizip *beschäftigt* die Zusatzbedeutung *viel besucht, belebt* vom englischen *busy* übernommen.[104] Bei russisch-deutsch Zweisprachigen kann man folgender deutschsprachigen Konstruktion begegnen: *Heute Abend bin ich besetzt* (*Сегодня вечером я занят*). Das russische *занят* bedeutet nicht nur *besetzt* (im Sinne einer Toilettenbenutzung oder eines Sitzplatzes im Zug oder Theater), sondern auch *beschäftigt, verabredet*: Das deutsche *besetzt sein* erfährt hier eine Bedeutungsumfangerweiterung aus der Semantik des russischen *быть занят*.

---

[104] Vgl. Riehl, S. 28.

3 Die russischsprachige Diaspora in Deutschland

3.1 Einleitung

Deutschland gilt als einsprachiger Staat mit Minderheitsregionen, da nur Deutsch die offizielle Staatssprache darstellt – im Gegensatz zu mehrsprachigen Staaten mit Territorialprinzip, wie zum Beispiel die Schweiz und Belgien, und mehrsprachigen Staaten mit individueller Mehrsprachigkeit, zu denen unter anderem viele afrikanische Staaten und GUS-Staaten gehören.[105] Historisch und politisch bedingt leben in Deutschland jedoch auch Sprachminderheiten. So ist an dieser Stelle beispielsweise auf die Sorben hinzuweisen, ein slawisches Volk, welches in der Gegend von Bautzen/Hoyerswerda und im Spreewald ansässig ist.[106]

Innerhalb der Sprachminderheiten lassen sich auf globaler Ebene drei Kategorien feststellen. Die erste Gruppe bezieht sich auf einmalige Minderheiten, die ausschließlich auf dem Gebiet eines einzigen Staates leben, wie zum Beispiel die Bretonen[107] in Frankreich. Minderheiten, welche in der Diaspora in mehreren Staaten leben, wie die Katalanen und Basken, und dort überall Minderheiten darstellen, bilden die zweite Gruppe. Als drittes sind solche Minderheiten zu nennen, welche zwar innerhalb von bestimmten Gebieten Minderheiten darstellen, aber an einem anderen Ort die Mehrheit bilden. Als Angehörige der dritten Gruppe ist auf die vielen deutschsprachigen Minderheiten, zum Beispiel in den USA, Mexiko und der GUS, zu verweisen.[108] Auch die russischsprachige Minderheitsgesellschaft in Deutschland gehört zu dieser dritten Gruppe, da Russisch in Deutschland zwar die Sprache einer Minderheit ist, in einigen Staaten der GUS aber die Mehrheitssprache darstellt.

Nachdem in Kapitel 2 die theoretischen Grundlagen zur allgemeinen Zwei- und Mehrsprachigkeit in Überblicksform dargelegt wurden, beschäftigt sich der folgende Teil speziell mit der russisch-deutschen Zweisprachigkeit in Deutschland, die angesichts von etwa fünf Millionen Russischsprachigen (siehe Vorwort) zum gegenwärtigen Zeitpunkt als wesentlicher Bestandteil der heutigen multiethnischen und somit multikulturellen Gesellschaft in Deutschland aufzufassen ist. Abgesehen von bilingual Aufgewachsenen, deren Eltern eine binationale Partnerschaft verbindet, bezieht sich die russisch-deutsche Zweisprachigkeit im

---

[105] Zur Typologisierung mehrsprachiger Staaten vgl. Riehl, S. 52-62.
[106] Vgl. Microsoft Encarta Enzyklopädie 2004. Stichwort: Sorben.
[107] Bretonen i. e. S. bezeichnen die keltischen Briten, welche im 5. und 6. Jahrhundert von den Angeln, Sachsen und Jüten vertrieben wurden und sich schließlich in der Bretagne ansiedelten. Heute werden alle Bewohner der Bretagne als Bretonen i. w. S. benannt. Vgl. Meyers Großes Taschenlexikon, Bd. 3, S. 177.
[108] Vgl. Riehl, S. 55.

Sinne der vorliegenden Arbeit auf die sprachliche Situation von Einwanderern, demzufolge von russischsprachigen Personen, die entweder als so genannte Russlanddeutsche, aufgrund ihrer jüdischen Herkunft, über Heirat oder zu beruflichen beziehungsweise Studienzwecken eingereist sind. Sie geht nicht auf die Zweisprachigkeit von Deutschen ein, welche in Deutschland geboren wurden und aufgewachsen sind, die hier mit der deutschen Sprache als Erstsprache sozialisiert wurden und die sich aus verschiedenen Gründen und auf unterschiedlichen Wegen die russische Sprache als Zweitsprache aneigneten. Diese Arbeit befasst sich ausschließlich mit der Sprache von Zuwanderern aus dem russischsprachigen Raum beziehungsweise mit deren Kindern, welche russisch-deutsch zweisprachig aufgewachsen sind.

Zunächst wird in Kapitel 3.2 kurz auf die Eckpunkte der Geschichte russischsprachiger Emigration nach Deutschland und auf die im Laufe der Jahre entstandene präsente russische und russischsprachige Kultur in Deutschland eingegangen. Anschließend werden die zwei Hauptgruppen der russischsprachigen Zuwanderer, die russlanddeutschen Aussiedler beziehungsweise Spätaussiedler und die Juden aus der ehemaligen Sowjetunion, vorgestellt (Kapitel 3.3). Hier werden die Hintergründe ihrer Einreise angerissen und ihre derzeitige Lebenssituation in der BRD knapp dargelegt, da diese von einiger Relevanz für deren sprachliches Verhalten und gesellschaftliche Integration sind. Die Geschichte der russlanddeutschen Minderheit soll näher beleuchtet werden, da sie für das Verständnis der sozialen und somit auch sprachlichen Integration der russlanddeutschen Aussiedler beziehungsweise Spätaussiedler in die deutsche Gesellschaft unabdingbar erscheint.

Schließlich findet in Kapitel 3.4 das Sprachverhalten der russischsprachigen Migranten ausführliche Beachtung. Hier soll vor allem auf die sprachliche Kompetenz der Zuwanderer als Faktor für eine erfolgreiche Integration in die Aufnahmegesellschaft Deutschland eingegangen und zum anderen vermittelt werden, welche Bedeutung Sprache für das kulturelle Selbstverständnis des Menschen hat. Ist dem einsprachigen und monokulturellen Individuum der Zusammenhang zwischen Sprache und Kultur oft nicht deutlich, weil er kaum gezwungen ist, sich bewusst und komplex mit seiner kulturellen Identität[109] auseinanderzusetzen, so zeigt sich dieser Zusammenhang bei Zweisprachigen umso mehr, da sich letztere zumindest tendenziell oft als bi- oder multikulturell empfinden. An die zusammenfassende Darlegung bereits veröffentlichter Untersuchungen zur russisch-deutschen Zweisprachigkeit, die erstens bisher in recht geringer Anzahl vorhanden sind und die sich zweitens fast ausschließlich den Besonderheiten der sprachlichen Situation der Russlanddeutschen widmen, schließt sich ein Kapitel

---

[109] Der Begriff der *kulturellen Identität* wird als „reflexiv gewordene Teilhabe an bzw. Bekenntnis zu einer Kultur" definiert. Assmann, S. 134. Bestandteile der kulturellen Identität sind nach klassischer Auslegung sprachliche und nationale Identität. Vgl. ebd.

an, welches sich auf meine empirische Untersuchung im Rahmen einer, in ihrem Umfang der Größe dieser Arbeit entsprechenden, Querschnittsstudie bezieht und russisch-deutsche Zweisprachigkeit im Zusammenhang mit kultureller Identität in ihrer jeweiligen Individualität vorstellt. Vor allem im Rahmen dieser Sprachbiographien findet die Überprüfung der im ersten Teil der Arbeit dargelegten Erkenntnisse zur allgemeinen Zwei- und Mehrsprachigkeit in der Praxis statt. Dabei wird deutlich, dass diese sich nicht nur auf den Erwerb von Zweisprachigkeit im Kindesalter beziehen lassen, sondern sich teilweise auch, zumindest in Ansätzen, auf den Zweitspracherwerb im Jugend- beziehungsweise jungen Erwachsenenalter übertragen lassen. An die ausführliche Analyse von sechs Fallbeispielen russisch-deutscher Zweisprachigkeit schließt sich eine Gesamtauswertung der erhobenen Daten an, welche auf eine Veranschaulichung der Vielfältigkeit von russisch-deutschen Sprachbiographien abzielt und mit ihrer zusammenfassenden Darstellung den Schluss dieses Kapitels bildet.

3.2 Russischsprachiges Leben in Deutschland

Etwa fünf Millionen russischsprachige Menschen leben heute in Deutschland, die größtenteils nach dem Fall der Berliner Mauer eingereist sind. Somit stellt die russischsprachige Gemeinschaft die größte Sprachminderheit in Deutschland dar.[110] Ihr gehören vor allem Russlanddeutsche[111], die so genannten Aussiedler und Spätaussiedler[112], russische Juden und deren Familienangehörige sowie

---

[110] Goldbach behauptet allerdings, dass Russisch nach dem Türkischen nur die zweitgrößte Minderheitensprache in Deutschland sei. Vgl. Goldbach, S. 11. Es ist davon auszugehen, dass sich keine exakten Zahlen finden lassen, welche belegen, ob Russisch oder Türkisch stärker verbreitet ist.

[111] Richtigerweise müsste man zwischen Russlanddeutschen, Kasachstandeutschen, Usbekistandeutschen usw. differenzieren, jedoch in Anlehnung an den allgemeinen Sprachgebrauch und zur Vereinfachung bezieht sich der Begriff Russlanddeutsche in der vorliegenden Arbeit auf alle Deutschstämmigen aus der ehemaligen Sowjetunion (zum Begriff *Deutsche* siehe Anm. 138).

[112] Angehörige deutscher Minderheiten aus ehemaligen Ostblockstaaten und v. a. aus dem Gebiet der ehemaligen Sowjetunion sind im Sinne des Grundgesetzes Deutsche und werden nach ihrer Einreise in Deutschland bis zum Erhalt der deutschen Staatsangehörigkeit als Spätaussiedler bezeichnet. Die Bundesrepublik Deutschland sieht es als ihre Pflicht an, diese Personengruppe aufzunehmen, da diese infolge der NS-Zeit und des Zweiten Weltkriegs großen Benachteiligungen ausgesetzt war. Nach dem Bundesvertriebenen- und Flüchtlingsgesetz (BVFG) gilt als Spätaussiedler, wer nach dem 01.01.1993 immigriert ist, und als Aussiedler, wer bis zum 31.12.1992 in die BRD eingereist ist. Wer nach dem 31.12.1992 geboren wurde, kann nicht mehr als Spätaussiedler anerkannt werden. Seit dem Inkrafttreten des Kriegsfolgenbereinigungsgesetzes im Januar 1993 müssen Spätaussiedler aus Polen und Rumänien nachweisen, dass sie auch nach dem 31.12.1992 aufgrund ihrer Zugehörigkeit zum deutschen Volk Benachteiligungen erlitten haben – im Gegensatz zu Spätaussiedlern aus der GUS, die infolge des Fortbestands der Kriegsfolgenschicksalsvermutung weiterhin ohne besonderen

zahlreiche Studenten und Doktoranden aus russischsprachigen Ländern an.[113] Nicht als gering einzuschätzen ist auch die Gruppe derer, die aus Ländern der heutigen GUS über Heirat mit Deutschen eingereist und somit Träger binationaler Partnerschaften und Familien sind.
Das 20. Jahrhundert weist vier große Einwanderungswellen Russischsprachiger nach Deutschland auf. Im Zuge der ersten Einwanderungswelle flohen russische Gegner der Bolschewiken und Kommunisten nach der Oktoberrevolution 1917 nach Deutschland ins Exil, so dass bereits in den 1920er Jahren etwa 360.000 russische Immigranten allein im Berliner Raum lebten. Zu ihnen zählen der Schriftsteller Wladimir Nabokov, welcher von 1922 bis 1937 in Berlin lebte und in dieser Zeit seine ersten sieben russischsprachigen Romane verfasste, sowie Leonid Pasternak, welcher sich mit seiner Familie von 1921 bis 1936 in der deutschen Hauptstadt aufhielt.[114] Nach der Machtergreifung Hitlers 1933 wiederum verließen viele Exilanten Deutschland. Der Zweite Weltkrieg brachte eine neue Einwanderungswelle mit sich. Dazu gehören etwa 200.000 bis 250.000 Kriegsgefangene und Zwangsarbeiter, welche auch nach 1945 in Deutschland blieben, obwohl sie über die Möglichkeit zur Rückkehr in ihre Heimat verfügten. Zur dritten Einwanderungswelle kam es in der Zeit des Kalten Kriegs, als die BRD, zum Teil von der sowjetischen Regierung ausgebürgerte, Dissidenten[115] aufnahm. Der Höhepunkt dieser Einwanderungswelle war in den 1970er und 1980er Jahren. Zudem wurde in vereinzelten Fällen Russlanddeutschen die Einreise in die BRD ermöglicht. Die vierte Einwanderungswelle ist die größte, mit ihr sind die meisten der heute in Deutschland lebenden Russischsprachigen gekommen. Diese Welle setzte mit der Wiedervereinigung Deutschlands 1990 ein und dauert bis heute an. Ihr gehören vor allem Spätaussiedler und so genannte jüdische Kontingentflüchtlinge[116] an.[117]

Nachweis von Benachteiligungen im Herkunftsland einreisen dürfen. Vgl. Beauftragte der Bundesregierung für Migration, Flüchtlinge und Integration (Hg.), S. 15 sowie
http://de.wikipedia.org/wiki/Sp%C3%A4taussiedler (16.02.06),
http://de.wikipedia.org/wiki/Aussiedler (16.02.06),
http://www.zuwanderung.de/1_spaetaussiedler.html (16.02.06) und
http://www.mi.niedersachsen.de/master/C3526794_N3525814_L20_D0_I522.html (16.02.06).
[113] Vgl. http://de.wikipedia.org/wiki/Russen_in_Deutschland (15.02.06).
[114] Vgl. http://de.wikipedia.org/wiki/Russische_Kultur_in_Deutschland (21.02.06).
[115] Der Begriff *Dissident* verweist auf Andersdenkende (lat. *dissidere: widersprechen, nicht übereinstimmen*) und erscheint in Bezug auf das 20. Jahrhundert vor allem im Zusammenhang mit den sozialistischen Staaten des Ostblocks. In der Regel stammten Dissidenten aus der Intellektuellenschicht und waren im Kulturbereich tätig oder gehörten Bürgerrechtsbewegungen an. In der Sowjetunion hatten Dissidenten mit Sanktionen wie Einweisung in die Psychiatrie oder in Arbeitslager und später auch mit Ausbürgerung zu rechnen. Vgl. Microsoft Encarta Enzyklopädie 2004. Stichwort: Dissident.
[116] Kontingentflüchtlinge stellen eine besonders privilegierte Einwanderergruppe dar. Ihre Pri-

Da die russlanddeutschen Spätaussiedler auch nichtdeutschstämmige Familienmitglieder nach Deutschland mitbringen dürfen[118] und die jüdischen Kontingentflüchtlinge ohnehin in der Regel Russisch als Erstsprache sprechen und ebenso deren nichtjüdische Familienmitglieder einreisen dürfen, wuchs der Anteil der russischsprachigen Gemeinschaft schnell. Auf diese Weise entstand ein reges russisches und russischsprachiges Kulturleben in Deutschland, vor allem in Großstädten wie Berlin. Allein in Berlin leben heute über 100.000 Russischsprachige.[119] Hier gibt es eine Reihe von russischen Klubs und Restaurants, russische Konzerte, Radiosendungen, Fernsehkanäle werden angeboten, es erscheinen mehrere russischsprachige Zeitungen[120] und es gibt sogar einen „internen Arbeitsmarkt, eine Art ‚ethnische Ökonomie', wobei Deutsch kaum benötigt

---

vilegien bestehen darin, dass sie nach der Aufnahme in Deutschland eine unbefristete Aufenthaltserlaubnis laut § 1 III des Gesetzes über Maßnahmen für im Rahmen humanitärer Hilfsaktionen aufgenommene Flüchtlinge (HumHAG) und somit auch die Rechtsstellung von Flüchtlingen und den damit verbundenen besonderen Ausweisungsschutz erhalten. Der Beschluss der Innenministerkonferenz vom 09.01.1991 ermöglichte die Anwendung des HumHAG auf jüdische Emigranten aus der ehemaligen UdSSR. Vgl. http://www.aufenthaltstitel.de/stichwort/konti.html (15.02.06). Seit dem 01.01.2005 liegt im Zusammenhang mit dem neuen Zuwanderungsgesetz bzgl. der jüdischen Zuwanderer jedoch eine neue Rechtslage vor, siehe dazu http://www.aufenthaltstitel.de/zuwg/1125.html (15.02.06).
[117] Vgl. http://de.wikipedia.org/wiki/Russen_in_Deutschland (15.02.06).
[118] Das Verhältnis zwischen den deutschstämmigen Zuwanderern und ihren mitziehenden Familienangehörigen kehrte sich innerhalb von 10 Jahren um: So verringerte sich die Zahl der Deutschstämmigen von 61 % im Jahr 1994 auf 20 % im Jahr 2003, während sich somit der Anteil der nichtdeutschstämmigen Angehörigen von 39 % auf 80 % im selben Zeitraum erhöhte. Vgl. Beauftragte der Bundesregierung für Migration, Flüchtlinge und Integration (Hg.), S. 15. Insgesamt sind die Zahlen der einwanderungswilligen Russlanddeutschen seit etwa Mitte der 1990er Jahre rückläufig, was u. a. auf die inzwischen erschwerten Einreisebedingungen wie die Einführung eines Sprachtests zurückzuführen ist, d. h., die Einreise ist für Deutschstämmige inzwischen an die Bedingung von Deutschkenntnissen geknüpft. Seit Januar 2005 müssen auch nichtdeutsche Familienangehörige Grundkenntnisse der deutschen Sprache nachweisen. Zur Zuwanderungsstatistik der Russlanddeutschen, die eine abnehmende Zuzugstendenz verdeutlicht, vgl. Abb. 1 im Anhang auf Seite 104. Weitere Gründe für den Rückgang der Zuzugszahlen vgl. Beauftragter der Bundesregierung für Aussiedlerfragen und nationale Minderheiten (Hg.) (b), S. 4.
[119] Vgl. Kessler (b), http://www.juden-in-berlin.de/gemeinde/sozialarbeit-2.htm (13.02.06).
[120] Dazu gehören u. a. *Русский Берлин, Европа Экспресс, Вопросы и ответы, Новая берлинская газета, Еврейская газета* und *Родина / Heimat*. Im Internet finden sich zudem Onlineversionen der gängigen russischen Zeitungen *Известия* (www.izvestia.ru), *Аргументы и факты* (www.aif.ru), *Комсомольская правда* (www.kp.ru) u. v. a. Vgl. Goldbach, S. 24 sowie http://www.russischstunde.de/Uebersicht/russische_Zeitungen/russische_zeitungen.html (15.02.06).

wird."[121] Auch das Russische Haus in der Berliner Friedrichstraße zeugt von einem präsenten Kulturleben in der Stadt für Russischsprachige. Auch wenn die russischsprachige Minderheit, aufgrund ethnischer und sozialer Unterschiede, durchaus keine homogene Gruppe darstellt und die Gründe für die Emigration nach Deutschland sehr verschieden sind,[122] so „verbinden [sie] jedoch die gemeinsamen kulturellen Erfahrungen in der UdSSR sowie die russische Sprache, die viele von ihnen auf muttersprachlichem Niveau beherrschen."[123] Aus diesem Grunde hegen viele Russischsprachige „den Wunsch, sich – unabhängig von Religion und Nationalität – unter dem gemeinsamen Dach der russischen Sozialisation zusammenzufinden, die gemeinsame Sprache zu pflegen und eine eigene Kultur zu erhalten."[124] Dadurch fühlte sich die Heinrich-Böll-Stiftung bereits im Jahr 2000 veranlasst, eine Tagung zum Thema *Das russischsprachige Berlin heute – Perspektiven für ein intellektuelles und künstlerisches Potential* zu veranstalten.[125] Zu diesem künstlerischen Potential gehört auch der Schriftsteller Wladimir Kaminer, welcher seit 1990 in Berlin lebt und Autor solch erfolgreicher deutschsprachiger Romane wie *Russendisko* (2000), *Militärmusik* (2001), *Schönhauser Allee* (2001) et cetera ist. Sein neuestes Buch *Küche totalitär. Das Kochbuch des Sozialismus*, welches er zusammen mit seiner Frau Olga Kaminer verfasste, erschien im Februar 2006. Zudem gilt er als der Begründer der beliebten Russendisko.[126]

3.3 Die Hauptgruppen russischsprachiger Zuwanderer in Deutschland

Im Folgenden werden die beiden Hauptgruppen russischsprachiger Zuwanderer seit 1990, Russlanddeutsche und Personen jüdischer Herkunft, kurz vorgestellt. Insbesondere soll hier die Geschichte der Russlanddeutschen dargelegt werden, da diese von großer Bedeutung für deren kulturelles Selbstverständnis und historisches Bewusstsein ist und somit auch ihren Wunsch, nach Deutschland auszuwandern, in die ursprüngliche Heimat ihrer Vorfahren, verständlich macht. Des Weiteren wird auf die derzeitige Lebenssituation der Migranten in der BRD eingegangen.

---

[121] Kessler (b), http://www.juden-in-berlin.de/gemeinde/sozialarbeit-2.htm (13.02.06).
[122] Auch Zemskaja betont die Heterogenität der russischsprachigen Emigranten. Vgl. Zemskaja, S. 27.
[123] Goldbach, S. 22.
[124] http://www.boell.de/downloads/presse/pm_150900.pdf (15.02.06).
[125] Vgl. ebd.
[126] Vgl. http://www.russentext.de/kaminer/ (21.02.06).

3.3.1 Russlanddeutsche
3.3.1.1 Zur Geschichte der Russlanddeutschen

Im 18. Jahrhundert folgten mehrere Zehntausend Menschen aus dem deutschsprachigen Raum der Einladung der Zarin Katharina II. (1762-1796)[127] nach Russland, um den verheerenden Folgen des Siebenjährigen Krieges (1756-1763), wirtschaftlicher Not und Hunger, zu entgehen und ein neues Leben anzufangen.[128] Russland war infolge der Expansionspolitik seiner Zarin territorial enorm gewachsen, doch die Bevölkerungszahl konnte nicht mit der rasant fortschreitenden Ausdehnung des Zarenreichs mithalten,[129] so dass sich Katharina II. gezwungen sah, die Einwanderungspolitik Peters I. (1682-1725) aufzugreifen und auszubauen. Aus diesem Grund veröffentlichte sie ein Anwerbungsmanifest, welches den Zuwanderern Land und eine Reihe von Privilegien, wie zum Beispiel Befreiung vom Militärdienst, Religionsfreiheit und anfängliche Steuerfreiheit, zusicherte.[130]

Zunächst wurden die Immigranten primär an der unteren Wolga um Saratow angesiedelt[131] und dort – ungeachtet ihrer beruflichen Kompetenzen – als bäuerliche „Kolonisten"[132] eingesetzt, wo sie sich nach großen anfänglichen Problemen in der zweiten Generation schließlich relativ erfolgreich einrichteten. Die Gründe des Aufschwungs lagen einerseits in den durch die Zarin gewährten Privilegien und der fortgeschrittenen Produktionsweise, andererseits wurde der Erfolg der Disziplin, dem Fleiß der Siedler und ihrem Streben nach effektiver Produktion zugeschrieben.[133] Im Nachhinein erscheint das Einwanderungskonzept Katharinas II. als „kulturelle Entwicklungspolitik"[134], welche in der Petrinischen

---

[127] Angegeben sind jeweils die Regierungsjahre der Zaren, entnommen aus: Milner-Gulland/-Dejevsky, S. 11.
[128] Vgl. Ingenhorst, S. 21.
[129] Hinter dem mit dem russischen Begriff Малолюдство (wörtlich: Mangel an Menschen) bezeichneten Phänomen verbirgt sich eine permanente Begleiterscheinung der Expansionspolitik des Russischen Zarenreiches. Dieser „Mangel an Menschen" kennzeichnete nicht nur ein quantitatives, sondern vor allem auch ein qualitatives Defizit. Die Sicherung und Verwaltung eines Reiches dieser Größe und der Anspruch, auch wirtschaftlich mit den europäischen Großmächten Schritt halten zu können, erforderte eine große Anzahl an Fachleuten, die von der russischen und nichtrussischen Bevölkerung im Zarenreich in diesem Umfang nicht gestellt werden konnte. Vgl. Römhild, S. 37.
[130] Richtigerweise veröffentlichte Katharina II. zwei Anwerbungsmanifeste, jeweils in den Jahren 1762 und 1763. Das erste Manifest wurde im Ausland jedoch kaum zur Kenntnis genommen, da die Einreisebedingungen nicht näher erläutert wurden. Erst das zweite Manifest löste die Zuwanderung aus. Vgl. Römhild, S. 40.
[131] Vgl. ebd., S. 51.
[132] Zu den gebräuchlichen Begriffen *Kolonist* und *Kolonien* vgl. ebd., S. 45.
[133] Vgl. Ingenhorst, S. 23.
[134] Römhild, S. 44.

Tradition der Orientierung an Westeuropa darauf abzielte, „europäische Kultur"[135] nach Russland zu bringen.[136] Bis zum Jahr 1862 gründeten die Siedler mehr als 3.000 Kolonien.[137] Bei der zaristischen Volkszählung von 1897 war mit 1,8 Millionen Deutschen[138] ein rapider Anstieg der deutschsprachigen Bevölkerung in Russland zu verzeichnen. Die sowohl wirtschaftliche als auch bevölkerungsmäßige Expansion der Kolonien führte zur Gründung neuer Kolonien, vor allem im Nordkaukasus, in Sibirien und Mittelasien.[139]
Im Gegensatz zum wirtschaftlichen Aufschwung verschlechterte sich die rechtliche und politische Stellung der Deutschen in der zweiten Hälfte der 19. Jahrhunderts immer mehr. Die Privilegierung der deutschen Kolonisten auf politischer, wirtschaftlicher und sozialer Ebene bot den in Russland aufkommenden nationalistischen Ideen des Panslawismus[140] willkomme Angriffspunkte, da es trotz der Abschaffung der Leibeigenschaft im Jahr 1861[141] durch Alexander II. (1855-1881) den Russlanddeutschen im Vergleich zu den russischen Bauern recht gut ging. Mit der fortschreitenden Durchsetzung panslawistischer Ideen wurden die Privilegien der Einwanderer schrittweise durch neue Gesetze des Zaren abgebaut: Die politische und rechtliche Autonomie der Kolonien und die Sonderrechte der Kolonisten wurden abschafft. Die Abschaffung von Deutsch als Amtssprache in den Kolonien mündete im Zwang, die russische Sprache zu erlernen. Im Besonderen veranlasste die 1874 eingeführte Wehrdienstverpflichtung[142] für Immigranten viele von ihnen zur Flucht nach Amerika und Brasilien.[143]

---

[135] Ebd.
[136] Vgl. ebd.
[137] Vgl. Ingenhorst, S. 27.
[138] Bei den im 18. und 19. Jahrhundert Eingewanderten trifft die Bezeichnung *Deutsche* nicht im Sinne einer nationalen Zuordnung oder Staatsbürgerschaft zu: Hier ist er als Oberbegriff für die deutschsprachigen Einwanderer zu verstehen, die damals aus Regionen kamen, die heute zum deutschen und schweizerischen Staatsgebiet gehören. Erst im 19. Jahrhundert entwickelte sich ein deutsches Nationalbewusstsein, als sich die Mehrheit der Auswanderer längst im Ausland befand, wo sie abgeschnitten waren von der Entwicklung, aus der heraus im Jahr 1871 der Deutsche Nationalstaat gegründet wurde. Vgl. Römhild, S. 52.
[139] Vgl. Ingenhorst, S. 30.
[140] Hinter dem Begriff *Panslawismus* verbergen sich Bestrebungen, alle slawischen Völker zu einem Großreich zu vereinigen. Teilweise strebte man diese Vereinigung unter der Führung Russlands an. Vgl. Microsoft Encarta Enzyklopädie 2004, Stichwort: Panslawismus; Meyers Großes Taschenlexikon, Bd. 16, S. 323f. sowie http://de.wikipedia.org/wiki/Panslawismus (17.02.06).
[141] Diese bedeutete eine formalrechtliche Angleichung an die Stellung der Deutschen. Vgl. Ingenhorst, S. 29.
[142] Der Militärdienst umfasste im Russischen Zarenreich eine Dienstverpflichtung auf 25 Jahre durch Losentscheid, die für viele betroffene Familien den wirtschaftlichen Ruin mit sich brachte. Vgl. Römhild, S. 45.
[143] Vgl. ebd.

Als Ursache der ersten Krise[144] in der Geschichte der Russlanddeutschen ist die Gründung des Zweiten Deutschen Reichs infolge des Deutsch-Französischen Kriegs (1870-71) anzusehen. Das außenpolitische Verhältnis der beiden Staaten Deutschland und Russland spielte eine immer entscheidendere Rolle für das Verhältnis Russlands zur russlanddeutschen Minderheit. Als ab 1880 die Slawophilen[145] die so genannte Deutsche Frage in Russland diskutierten, hatte dies die Verdrängung der Deutschen aus den westlichen Gebieten zur Folge, um diese Regionen gegen eine angebliche drohende Germanisierung zu schützen. Zum ersten Mal in ihrer Geschichte wurden die Russlanddeutschen politisch mit den Ideen und Absichten des Deutschen Reiches gleichgesetzt, obwohl die Russlanddeutschen sich nicht für das Bismarcksche Reich interessierten und sich zarentreu verhielten.

Dennoch gestaltete sich, insgesamt betrachtet, die Situation der deutschen Minderheit in Russland bis zum Beginn des Zweiten Weltkriegs trotz der Verschlechterungen ihrer politischen und rechtlichen Lage durch den erreichten wirtschaftlichen Aufschwung befriedigend. Aufgrund der hohen Geburtenrate war die Zahl der Russlanddeutschen im Jahr 1914 auf 2,4 Millionen angewachsen.

Zu Beginn des 20. Jahrhunderts zeichnete sich die Situation der deutschen Minderheit in Russland durch die folgenden drei Merkmale aus: 1. Die starke räumliche Zersplitterung der Siedlungsgebiete und die daraus resultierenden großen räumlichen und sozialen Distanzen machten eine gemeinsame wirtschaftliche, sprachliche und kulturelle Entwicklung unmöglich. 2. Die deutschen Siedlungen existierten fast vollständig isoliert von ihrer russischen Umwelt, die Kontakte mit der einheimischen Bevölkerung beschränkten sich aufgrund der Sprachbarriere und der unterschiedlichen sozioökonomischen Verhältnisse weitgehend auf den Austausch von Waren. Mischehen zwischen Deutschen und Russen kamen nicht vor. 3. Die unterschiedlichen Glaubensrichtungen bedeuteten ein weiteres Integrationshindernis: Die Russen gehörten mehrheitlich dem russisch-orthodoxen Glauben an, die Deutschen waren evangelisch-lutherischen Glaubens, wobei ihre Kirchen und die von ihnen geführten Schulen dafür sorgten, dass sie ihre Kultur und ihre deutsche Identität beibehalten konnten. Somit war eine Russifizierung oder Assimilation der deutschen Einwanderer auf dem Lande nicht und in den Städten nur sehr geringfügig festzustellen.

---

[144] Im Folgenden beziehe ich mich, soweit nicht anders gekennzeichnet, zusammenfassend auf die als Abfolge von Krisen in der Geschichte der Russlanddeutschen gekennzeichnete Darlegung von Ingenhorst, S. 29-68.
[145] Unter dem Begriff *Slawophile* sind die Anhänger einer russischen philosophisch-politischen Ideologie im 19. Jahrhundert, die die Eigenart und die geschichtliche Aufgabe Russlands gegenüber Westeuropa als Möglichkeit für einen vom Westen unabhängigen Alleingang Russlands betonen, zu verstehen. Vgl. Meyers Großes Taschenlexikon, Bd. 21, S. 22f. und http://de.wikipedia.org/wiki/Slawophile (17.02.06).

Im Ersten Weltkrieg, in welchem Deutschland Krieg mit Russland führte, wurden erste kollektive Zwangsmaßnahmen gegen ganze deutsche Siedlergruppen durchgeführt, obwohl die deutschen Einwanderer loyal zum Russischen Reich standen und in der russischen Armee gegen das Deutsche Reich kämpften. Trotz ihrer Loyalität wurden die Russlanddeutschen in der russischen Bevölkerung als Angehörige eines Feindstaates wahrgenommen und somit zunehmend diskriminiert.

Lenins Machtübernahme hatte eine vorübergehende Verbesserung der Situation der Russlanddeutschen zur Folge: Deutsch als Muttersprache wurde wieder an Schulen, in der Öffentlichkeit, bei Gericht und in der lokalen Verwaltung ermöglicht, die Einführung der Neuen Ökonomischen Politik (1921-28) vor dem Hintergrund der Hungerkatastrophe infolge des Bürgerkriegs in der jungen Sowjetunion 1921/22 bewirkte bei den deutschen Bauern einen schnellen Wiederanstieg der Produktion. In diese Zeit fällt die Gründung der Autonomen Sozialistischen Sowjetrepublik der Wolgadeutschen mit eigener deutscher Verwaltung und Amtssprache im Jahr 1924. Die Entwicklung der Wolgarepublik gestaltete sich positiv, wie die Eröffnung deutscher Schulen, Hochschulen, Theater, Verlage und Zeitungen veranschaulicht. Neben der Wolgarepublik wurden in etwa 550 Dörfern, verteilt über die gesamte Sowjetunion, so genannte Dorfsowjets mit deutscher Amts- und Schulsprache eingerichtet. Bis 1931 entstanden größere zusammenhängende Siedlungsgebiete in 15 deutschen Rajons[146] mit begrenzter Autonomie. Diese Autonomie war jedoch nur um den Preis der Anpassung an das neue Gesellschaftssystem möglich, der sich in den nächsten Jahren als sehr hoch erweisen sollte.

Nach wenigen Blütejahren in der Autonomen Wolgarepublik setzte die nächste Krise für die deutsche Minderheit in der Sowjetunion ein, die von massenhaften Verhaftungen, Deportationen, Säuberungswellen und Liquidationen gekennzeichnet war. Abermals wurden ihre Rechte aberkannt und die deutsche Sprache und Selbstverwaltung abgeschafft. Durch die Machtergreifung Hitlers und der NSDAP 1933 wurde Deutschland erneut zum Hauptfeind der UdSSR, was wiederum eine Infragestellung der Loyalität der Russlanddeutschen zur Folge hatte. Wiederholt wurden sie zum Objekt des Machtkalküls der Kriegsparteien. Nach dem Einmarsch der deutschen Truppen in die Sowjetunion im Juni 1941 wurden systematisch Maßnahmen ausschließlich gegen die deutsche Bevölkerung begonnen. Sie wurden aus ihren ursprünglichen geschlossenen Siedlungsgebieten nach Sibirien und in die mittelasiatischen Republiken deportiert und nicht zuletzt nach Deutschland verstreut, wobei ihre familiären Zusammenhänge und Sozialstrukturen fast vollständig zerstört wurden. Dies kennzeichnete den Beginn des Endes der Geschichte der russlanddeutschen Minderheit als präsente Volksgruppe in der UdSSR.

---

[146] Rajon (russ. *район*) bedeutet Bezirk, Gebiet, Kreis, Region.

Zu Beginn des Kriegs hofften die Russlanddeutschen noch auf eine Befreiung von der stalinistischen Zwangsherrschaft durch die deutschen Truppen und auf die Wiedereinführung des Privateigentums sowie die Abschaffung der Kolchosen. Bald jedoch zeigte sich, dass nicht die Befreiung der Russlanddeutschen, sondern ihre weitere Unterdrückung Ziel der NS-Herrschaft war: Da sie so lange unter russischer Herrschaft gelebt hatten, waren sie den Nationalsozialisten verdächtig, während Stalin wiederum ausnahmslos alle Russlanddeutschen der Kollaboration verdächtigte. Daran änderte auch der Sieg der Roten Armee nichts. Nach dem Ende des Zweiten Weltkriegs begann der Kalte Krieg, bei dem die Russlanddeutschen wieder zu den Verlierern zählten. Hatte man bei Kriegsende noch auf Erleichterungen und Normalisierung gehofft, so sah die Realität jetzt noch weitere Verschärfungen in der Behandlung gegenüber den Russlanddeutschen vor.

Die Rückkehr in die Gebiete, aus denen sie während des Krieges vertrieben worden waren, verweigerte ihnen Stalin. Durch den Zerfall der vertrauten Sozialstrukturen in den deutschen Siedlungen wurde der Assimilationsdruck immer größer; der verstärkte Umgang mit den sowjetischen Behörden und allgemein mit Einheimischen verdrängte die deutsche Sprache immer weiter. Wenn bis zu diesem Zeitpunkt die deutsche Sprache das Einzige war, was die deutsche Minderheit noch hatte zusammenhalten können, so ging mit der Sprache jetzt das letzte identitätsstiftende Element verloren.

Auch der Tod Stalins im Jahr 1953 führte zu keiner Erleichterung der Situation der Russlanddeutschen. Zwar erfolgte im Jahr 1955 ihre Einbürgerung als freie Sowjetbürger, dennoch kam es zu keiner Rehabilitierung. Auch Chruschtschow erlaubte die Rückkehr in die Vertreibungsgebiete nicht, was die endgültige Verstreuung der Deutschen über das ganze Land mit Schwerpunkt in Sibirien und in den mittelasiatischen Republiken zur Folge hatte. In der Diaspora jedoch wurde es auf Dauer fast unmöglich, deutsches Brauchtum, Sprache und Traditionen aufrecht zu erhalten. Das Rückkehrverbot in die ehemaligen Siedlungsgebiete, die emotionale und reale Heimat der Russlanddeutschen, und die damit einhergehende Zerstreuung der deutschen Minderheit über die gesamte UdSSR verhinderten die Entstehung von neuen deutschen geschlossenen Siedlungen und somit von neuer deutscher Autonomie, was in der weitgehenden Aufgabe der deutschen Sprache und Kultur gipfelte. Die Russlanddeutschen blieben Vertriebene im eigenen Land, sie galten als Faschisten und Vaterlandsverräter und trugen das Stigma, Angehörige eines Feindstaates zu sein, der der sowjetischen Bevölkerung unendliches Leid angetan hatte.

Um der offenen Diskriminierung und den Beschimpfungen als „Fritzen" oder „Faschisten" zu entgehen, versuchten die Jüngeren, sich den Russen anzunähern und ihre deutsche Herkunft zu verleugnen. Unter diesen repressiven Bedingungen wurde Deutschsein und Deutschsprechen mehr und mehr zur Last, auf diese

Weise entwickelte sich die russische Sprache zur Umgangssprache auch untereinander, vor allem die Kinder verloren den Bezug zur deutschen Sprache und Kultur. Nur in den wenigen verbliebenen geschlossenen Siedlungsgebieten wurde der deutsche Dialekt nicht durch das Russische ersetzt. Der Zugang für Deutsche zu höherer Bildung, zu anerkannten Arbeitsplätzen, Studienplätzen und gesellschaftlichen Funktionen war beschränkt: Der Anteil der deutschen Studenten war überaus geringer als der Anteil der deutschen Bevölkerung an der sowjetischen Gesamtbevölkerung.[147]

Im Jahr 1964 wurden zwar schließlich die pauschalen Anschuldigungen als Kollaborateure von 1941 zurückgenommen, dennoch wurde noch immer keine Erlaubnis zur Rückkehr in die früheren Siedlungsgebiete erteilt. Bis in die Gegenwart ist es ein Grunddilemma für die deutsche Minderheit, dass ihre Forderungen nach einer autonomen Republik weder zu Zeiten der UdSSR noch in der heutigen GUS keine Aussicht auf Erfolg hatten beziehungsweise haben.[148] Der Machtantritt Gorbatschows im Jahr 1985 löste einen umfassenden gesellschaftlichen Umbruch in der UdSSR aus, den die Russlanddeutschen zunächst eher aus der Distanz begrüßten. Schließlich wurde die Genehmigungspraxis im Ausreiseverfahren für die Russlanddeutschen liberalisiert, so dass die Zahl der Auswanderungen aus der Sowjetunion sprunghaft und stetig in die Höhe stieg.

Doch auch die Autonomieforderungen traten mit Unterstützung der damaligen Bundesregierung wieder näher ins Blicklicht: Autonomie sollte als Anreiz dienen, die Russlanddeutschen von der Ausreise abzuhalten. Im Bereich Westsibirien mit der Region Altai und den Gebieten Omsk, Tomsk und Nowosibirsk als traditionelle Siedlungsschwerpunkte der Russlanddeutschen, also den Regionen, die die Vertreibungsmaßnahmen seit 1941 verhältnismäßig unbeschadet überstanden hatten, befinden sich die letzten größeren zusammenhängenden Siedlungsgebiete der deutschen Minderheit. Hier wurden zwei Deutsche Nationale Rajons aufgebaut: Im Jahr 1991 beschloss der Oberste Sowjet in Moskau die Bildung eines Deutschen Nationalen Rajons in Halbstadt im Altai-Gebiet, 1992 erfolgte der Beschluss zur Errichtung eines solchen in Asowo bei Omsk.

Für viele Russlanddeutsche allerdings bot und bietet die Aussiedlung in die BRD die bessere Alternative: Die Lebensumstände in den ehemaligen Sowjetrepubliken gestalten sich bis zum heutigen Tag für einen großen Teil der Normalbevölkerung und somit auch für die Deutschen in der GUS als äußerst schwierig. Somit gaben viele Aussiedler beziehungsweise Spätaussiedler als Migrationsmotive den Wunsch nach einer Verbesserung der Lebensumstände und Wohnverhältnisse an.[149]

---

[147] Vgl. Riek, S. 489ff.
[148] Zur Errichtung einer neuen autonomen Republik vgl. ebd., S. 394ff.
[149] Zu genauen Prozentangaben über die Aussiedlungsmotive der Russlanddeutschen vgl. ebd., S. 179ff.

Zusammenfassend lässt sich feststellen, dass seit der Auswanderung nach Russland vor fast 250 Jahren die Russlanddeutschen über alle Schicksalsschläge und Krisen hinweg ihre deutsche Kultur und Identität bewahren konnten, was durch ein Leben in geschlossenen homogenen Gemeinden ermöglicht wurde. Hier konnten sie ihr Deutschtum, relativ abgeschottet von der russischen Außenwelt, aber auch von neuen kulturellen Impulsen aus Deutschland, von Generation zu Generation weitergeben, und weitgehend selbstständig ihr Leben gestalten. Erst der Zweite Weltkrieg und die Massendeportationen zerstörten die traditionellen Strukturen, die selbst die stalinistische Zwangskollektivierung und Säuberungen in den 1920er und 1930er überstanden hatten, und veränderten somit einschneidend die Lebensgrundlage und -wirklichkeit der deutschen Minderheit. Nach Kriegsende und während des Kalten Kriegs wurden sie als Angehörige des Feindstaates der Kollaboration und des Faschismus bezichtigt. Das Rückkehrverbot in die Heimat, wobei dieser Begriff nicht Deutschland, sondern die Vertreibungsgebiete umfasste, stellte den wesentlichsten Punkt in der Zerstörung der Strukturen dar, weil damit die Vernichtung der gewachsenen Sozialstruktur als entscheidender Schlag gegen ihre Existenz als deutsche Minderheit in der Sowjetunion einherging. Erst seit Ende des 20. Jahrhunderts gibt es ernsthafte Bemühungen, vor allem seitens der Bundesrepublik Deutschland, die Lage der Russlanddeutschen dauerhaft zu stabilisieren, was vorrangig durch die massenweise Einreise in die Bundesrepublik realisiert wird.

3.3.1.2 Die Situation der Russlanddeutschen in Deutschland

Wie der Anfang für die ersten Deutschen in Russland nicht leicht war, so gestaltet sich ebenso der Rückintegrationsprozess ihrer Nachfahren in die heutige Gesellschaft der BRD als äußerst schwierig und stellt sowohl den deutschen Staat und seine Bevölkerung als auch die Russlanddeutschen selbst vor massive Probleme. Dabei wird oft nur unzureichend beachtet, dass auch sie keineswegs eine homogene Gruppe darstellen, weder auf der sozialen Ebene noch ihre geographische Herkunft betreffend – jeder verfügt über ein eigenes Schicksal. Die Integration erfolgt, vor allem aufgrund sprachlicher Barrieren und kultureller Unterschiede, sehr mangelhaft. So geben die Russlanddeutschen selbst eine Verbesserung der Lebensbedingungen und die Möglichkeit zur Selbstverwirklichung als Gründe für die Einreise an, während der Fakt, „dass das Leben nun ‚unter Deutschen' stattfindet, nur 7,2 % der Zuwanderer erfreut."[150] Zudem ist die bundesdeutsche Bevölkerung mit dem geschichtlichen Hintergrund der russlanddeutschen Minderheit kaum vertraut. Russlanddeutsche werden von breiten Schichten nicht als Deutsche, sondern als „Russen" und „Ausländer" wahrgenommen

---

[150] „То, что теперь жизнь происходит ‚среди немцев', радует только 7,2 % приехавших." Protasova, S. 339.

und teilweise diskriminiert.[151] Von den Medien wird diese Problematik kaum aufgenommen, und wenn dieses Thema bearbeitet wird, handelt es sich fast ausschließlich um negative Berichterstattung, die sich unter anderem auf den verhältnismäßig hohen Anteil russlanddeutscher Krimineller in der Gesamtstatistik bezieht. Die Aufklärung der bundesdeutschen Bevölkerung über die Geschichte der Russlanddeutschen ist von größter Wichtigkeit, denn sie leistet einen wesentlichen Beitrag zum Verständnisprozess im Hinblick auf die Russlanddeutschen als Teil unserer Gesellschaft, daher sollte diese in den Schulen behandelt werden, zum Beispiel im Geschichts-, Geographie- und Russischunterricht, und von den Medien verstärkt reflektiert werden.

Bezüglich der rechtlichen Grundlage sind Russlanddeutsche als Angehörige des deutschen Volkes aufzufassen und erhalten demzufolge nach ihrer Einreise in die Bundesrepublik Deutschland als Spätaussiedler die deutsche Staatsbürgerschaft. Aus diesem Grund handelt es sich bei Russlanddeutschen, zumindest im rechtlichen Sinne – in der Wahrnehmung der einheimischen Bevölkerung mag dies teilweise anders sein – nicht um Ausländer, und demnach werden sie in Migrationsstatistiken und dergleichen nicht als Ausländer geführt.[152]

Die Rückkehr der Russlanddeutschen nach Deutschland stellt eine einschneidende Erfahrung in der Selbstwahrnehmung und im historischen Bewusstsein dieser Volksgruppe dar, da „die Integration in die deutsche Gesellschaft sich auf alle Lebensbereiche des Menschen bezieht und eine gleichberechtigte Teilhabe der Immigranten am alltäglichen, gesellschaftlichen und kulturellen Leben voraussetzt."[153]

> „[Doch] der hohe Bevölkerungsanteil und die mangelhafte Integrationsfähigkeit – besonders der jungen Männer – wegen der oft fehlenden Deutschkenntnisse und Konfrontation mit einer für sie fremden Kultur, machen die Integration schwierig. Dabei finden sich die Russlanddeutschen oft zwischen den Stühlen wieder: In den Ländern der ehemaligen Sowjetunion waren sie immer ‚die Deutschen', in Deutschland sind sie nun ‚die Russen'."[154]

---

[151] Eine tendenziell ablehnende Haltung gegenüber Einwanderern im Grundsätzlichen bestätigt auch Protasova: „Отрицательное отношение принимающих обществ к иммигрантам, несмотря на многостороннее воспитание, направленное на умение жить в многокультурном обществе, всё ещё существует." („Eine ablehnende Haltung der Aufnahmegesellschaften gegenüber Immigranten, unabhängig von der vielseitigen Erziehung, die auf die Fähigkeit abzielt, in einer multikulturellen Gesellschaft zu leben, existiert noch immer.") Protasova, S. 339.
[152] Vgl. http://de.wikipedia.org/wiki/Russen_in_Deutschland (15.02.06).
[153] „Интеграция в германское общество охватывает все области жизни человека и предполагает равноправное участие иммигрантов в хозяйственной, общественной и культурной жизни." Protasova, S. 339.
[154] http://de.wikipedia.org/wiki/Russen_in_Deutschland (15.02.06).

Manche kommen mit dem „bundesdeutschen Alltag"[155] überhaupt nicht zurecht, so dass sie den Entschluss zur Rückkehr in die GUS fassen. Realisiert wird dieser jedoch nur in Einzelfällen, da sich die Aussiedler zum einen gegenüber dem deutschen Staat verpflichtet fühlen, weil dieser sie aufgenommen hat, zum anderen fehlen oft schlicht die finanziellen Mittel, um die Rückreise zu gewährleisten.[156]

Vor allem Spätaussiedler der jungen Generation befinden sich in einem Identitätsdilemma:

> „[In] ihrer Familiengeschichte als Deutsche wahrgenommen [...], [stand] in ihren Dokumenten [...] der Eintrag ‚Nationalität: deutsch', ihre Großeltern waren deportiert, ihre Eltern im Kindergarten und in der Schule als ‚Faschisten' beschimpft worden. Deutsch zu sein und Deutsch zu sprechen, war im Herkunftsland jahrzehntelang gefährlich und galt als negativ."[157]

Um sich anzupassen und nicht aufzufallen, sprachen sie im Kindergarten, in der Schule, im Betrieb und im sonstigen Alltagsleben Russisch. Sie „wuchsen in der russisch-sowjetisch geprägten Kultur auf, mit allen damit verbundenen Werten und Leitbildern. Russisch zu sein und zu sprechen galt als selbstverständlich und positiv."[158] In Deutschland wiederum gelten sie auf politischer Ebene als gleichberechtigte deutsche Staatsbürger, und somit erwartet man von ihnen im Alltag, dass „sie doch ihren russischen Anteil [der häufig auch aufgrund nichtdeutscher Elternteile vorhanden ist, B. P.] ablegen, vergessen, aufgeben und nur noch Deutsch sprechen [müssten]. Dies gilt im gängigen Sinn als ‚Integration'."[159] Hier wird keine Rücksicht darauf genommen, dass sie russischsprachig sozialisiert sind, „dass sie russisch denken, fühlen und träumen. [...] Der Gebrauch der russischen Sprache wird ihnen [...] als etwas Negatives angelastet. Sie gelten als ‚integrationsunwillig'."[160] Durch diese Fremdwahrnehmung fühlen sie sich unsicher, sie sind desorientiert, und es ist nachvollziehbar, dass sie sich abschotten und in ihre eigenen Kreise zurückziehen, womit sie wiederum Vorurteile bestätigen. Ein Teufelskreis entsteht: Wer sich isoliert, erlernt die deutsche Sprache nicht, nimmt kaum Anteil am deutschen Leben und kann sich nicht integrieren. Einen Ausweg gibt es nur dann, wenn die Integrationspolitik der Bundesregierung dem russischen beziehungsweise dem russischsprachigen Identitätsbestandteil der Russlanddeutschen seine Existenzberechtigung zugesteht und diesen als

---

[155] http://www.ornis-press.de/print.php?id=118 (07.02.06).
[156] Vgl. ebd. sowie Beauftragter der Bundesregierung für Aussiedlerfragen und nationale Minderheiten (Hg.) (a), S. 6f.
[157] Khuen-Belasi, http://www.karlsruhe.de/Projekte/Migranten/fr.de.php (16.02.06).
[158] Ebd.
[159] Ebd.
[160] Ebd.

Potential begreift und gezielte, auf die Bedürfnisse der Spätaussiedler abgestimmte Maßnahmen zur Förderung des Deutscherwerbs ergreift und durchsetzt.[161]

3.3.2 Juden aus der ehemaligen Sowjetunion

Aufgrund der restriktiven Minderheitenpolitik der sowjetischen Regierung ähnelten sich die Ausgrenzungserfahrungen von Menschen jüdischer Herkunft und von Russlanddeutschen, was sich hier wiederholt. Dort als Minderheiten benachteiligt, werden sie, angekommen in Deutschland, von vielen wiederum als „Russen" betrachtet und zum Teil Diskriminierungen ausgesetzt, da auch heute in unserer multikulturellen und vermeintlich aufgeklärten Gesellschaft unter weiten Bevölkerungskreisen ein unbestimmtes Feindbild und Fremdheitsgefühl gegenüber den „Russen" zu beobachten ist.

> „In der Sowjetunion haben die ‚push-pull-Effekte' von wirtschaftlicher Bedrängnis und Antisemitismus, versagter politischer Partizipation und religiöser Entfaltung sowie die Aussichten auf politische Freiheiten und soziale Verbesserungen in den Aufnahmeländern zu massiven Auswanderungsschüben geführt, [vor allem in die USA, nach Israel und Deutschland]."[162]

Auf der Grundlage eines Beschlusses der Innenministerkonferenz von 1991 können Juden aus den Ländern der ehemaligen Sowjetunion als so genannte Kontingentflüchtlinge in die BRD immigrieren, obwohl sie keine Flüchtlinge im Sinne der Genfer Flüchtlingskonvention sind. Als Motiv für diese Sonderregelung gelten unter anderem der Erhalt und die Stärkung der jüdischen Gemeinden in Deutschland.[163] Nach acht Jahren rechtmäßigen Aufenthalts in der Bundesrepublik haben sie Anspruch auf die deutsche Staatsbürgerschaft.[164]

Dass Menschen jüdischer Abstammung aus der ehemaligen Sowjetunion ausgerechnet nach Deutschland emigrieren, in das Land, in dessen Namen einst beispiellose grausame Verbrechen am jüdischen Volk verübt wurden, hängt damit zusammen, dass einerseits die Zuwanderer kaum direkt vom Holocaust betroffen waren. Andererseits nehmen vor allem Juden der jüngeren Generation Antisemitismus als „spezifisch sowjetische Erscheinung"[165] wahr:

---

[161] Vgl. ebd.
[162] Vgl. Kessler (a), http://www.berlin-judentum.de/gemeinde/migration-1.htm (13.02.06).
[163] Vgl. Beauftragte der Bundesregierung für Migration, Flüchtlinge und Integration (Hg.), S. 16.
[164] Vgl. http://de.wikipedia.org/wiki/Russen_in_Deutschland (15.02.06). Zur Einbürgerung von Ausländern nach § 10 StAG (1) des neuen Staatsangehörigkeitsgesetzes vom 01.01.2005, zuletzt geändert aufgrund des neuen Zuwanderungsgesetzes, siehe auch http://www.info4alien.de/einbuergerung/gesetze/stag2005.htm (15.02.06).
[165] Ebd.

„Viele waren auch der Ansicht, die Deutschen hätten aus der Vergangenheit gelernt und würden (bzw. müßten) nun besonders freundlich mit Juden umgehen bzw. es überwog das positive Bild der Deutschen als ‚Dichter und Denker'."[166]

Doch die jüdischen Gemeinden in Deutschland waren auf eine Zuwanderung aus der GUS in dieser Größenordnung nicht vorbereitet.[167] Judith Kessler zieht in einem Vortrag vor Sozialarbeitern jüdischer Gemeinden Bilanz und stellt die Probleme dar, die sich aus dem Widerspruch zwischen den Erwartungen der jüdischen Zuwanderer aus den ehemaligen Sowjetrepubliken und der gegebenen Realität in den jüdischen Gemeinden ergeben.[168] Die größte jüdische Gemeinde in Deutschland ist die Berliner Gemeinde mit etwa 12.000 Mitgliedern, von denen ungefähr 70 % in der Nachwendezeit aus der ehemaligen Sowjetunion zugewandert sind. Zum Vergleich: Die Mehrzahl der jüdischen Gemeinden in Deutschland hat zwischen 200 und 400 Mitgliedern, die jedoch zu 90 % oder gar 100 % aus den GUS-Staaten stammen.[169] Im Vortrag wird deutlich, dass das Leben der jüdischen Gemeinden weniger von Religiosität und traditionellem Brauchtum als von einem sozialen Netzwerk geprägt ist. Das bedeutet, dass die jüdischen Gemeinden für die Einwanderer als Anlaufstelle bei allen möglichen Alltagsschwierigkeiten dienen. Die Probleme, mit denen sich die jüdischen Gemeinden auseinandersetzen müssen, entstehen aufgrund von gegenseitigen Fehlwahrnehmungen, globalen Pauschalisierungen und Missverständnissen zwischen den ursprünglichen Gemeindemitgliedern und den Zuwanderern.[170]
Letztere erleben nach ihrer Ankunft in Deutschland häufig einen Kulturschock. Das paradiesische Bild, welches sie im Herkunftsland von Deutschland besaßen, zerbricht. Hatten dort etwa 70 % von ihnen einen vergleichsweise hohen Sozialstatus und waren als Wissenschaftler, Mediziner et cetera tätig, so erleben sie hier, dass ihre Hochschulabschlüsse nicht anerkannt werden. Sie sehen sich somit einem beträchtlichen Prestigeverlust ausgesetzt:

„Ganze Lebenszusammenhänge werden umbewertet. Ganze Biographien werden wertlos und der Zuwanderer findet dann unter Umständen nicht einmal bei uns [bei der jüdischen Gemeinde, B. P.] Verständnis: Wir sitzen nämlich da und sagen: ‚Deinen Abschluß kannst du vergessen.' Das ist realistisch, es ist objektiv, es ist wahr – aber es kränkt."[171]

---

[166] Ebd.
[167] Abb. 2 im Anhang auf Seite 105 verdeutlicht die Zuwanderungszahlen jüdischer Personen aus der GUS.
[168] Vgl. Kessler (b).
[169] Vgl. Kessler (b), http://www.juden-in-berlin.de/gemeinde/sozialarbeit-2.htm (13.02.06).
[170] Vgl. Kessler (b), http://www.juden-in-berlin.de/gemeinde/sozialarbeit.htm (13.02.06).
[171] Ebd.

Die Zuwanderer aus den GUS-Staaten leiden unter anderem darunter, dass sie von den alten Gemeindemitgliedern teilweise als „homogene Masse"[172], als „die Russen"[173] wahrgenommen werden. Dass in den Sowjetrepubliken unterschiedliche Nationalitäten lebten und jeder Einwanderer aus einem spezifischen Herkunftskontext kommt, findet keine hinreichende Beachtung. Jedoch stammt nur ein knappes Drittel der Zuwanderer tatsächlich aus Russland.[174] Die Juden aus der ehemaligen Sowjetunion haben ihre Bedürfnisse, und die alteingesessenen Gemeindemitglieder haben die ihren. Die Zuwanderer erhoffen sich von den Gemeinden Unterstützung in ihrem neuen deutschen Alltagsleben und werden enttäuscht, weil die Gemeinden nicht jedem eine Wohnung oder eine Arbeitsstelle vermitteln können.

> „[Damit sind diese] überfordert, strukturell und finanziell, [sie] können diese Erwartungen gar nicht bedienen, in manchen Gemeinden will man sie auch nicht bedienen. [Sie] können keine Gesetze ändern und Jobs aus dem Hut zaubern. Das ist auch nicht die Aufgabe einer Religionsgemeinschaft. Dennoch dürfen [die Gemeinden] und genauso die Zuwanderer nicht übersehen, daß [sie] unwahrscheinlich viel geschafft haben, daß [ihr] Sozialnetz inzwischen riesig ist, auch dank ihnen."[175]

Die Alteingesessenen erwarten von den neuen Gemeindemitgliedern eine Bereicherung für das Gemeindeleben, letztlich auch den dauerhaften Erhalt der Gemeinden überhaupt, und müssen feststellen, dass die Zuwanderer nicht in dem Maße religiös sind, wie sie erwartet hatten, zumal Jüdischsein in der Sowjetunion eine Frage der Nationalität und nicht der Religion war und die sowjetischen Juden aufgrund der Sozialisation in der UdSSR zum großen Teil atheistisch waren. „Die Menschen sind jüdisch, weil es so in ihrem Paß steht, das war ihre ‚Identität', sie sind mit Nichtjuden verheiratet, wissen kaum etwas über [jüdische] Traditionen – trotzdem sind sie Juden."[176] An dieser Stelle wird auch die Definitionsverwirrung darüber deutlich, wer Jude ist und wer nicht. „Nach der Halacha – dem jüdischen Religionsgesetz – ist Jude/Jüdin, wer eine jüdische Mutter hat oder zum Judentum übergetreten ist. Viele der Zuwanderer sind nach dieser Definition keine Juden."[177] Dies hat zur Folge, dass sie, im Herkunftsland als Juden bezeichnet und auch diskriminiert,[178] in Deutschland nach der eigentli-

---

[172] Ebd.
[173] Ebd.
[174] Vgl. ebd.
[175] Kessler (b), http://www.juden-in-berlin.de/gemeinde/sozialarbeit-2.htm (13.02.06).
[176] Ebd.
[177] Ebd.
[178] Die sowjetische Regierung verfolgte eine restriktive Nationalitäten- und Minderheitenpolitik. So sahen sich die Juden einem mehr oder weniger offenen Antisemitismus ausgesetzt. Vgl. Kessler (a), http://www.berlin-judentum.de/gemeinde/migration-2.htm (13.02.06). Antisemitische Ansichten sind nach meiner persönlichen Erfahrung auch heute in den Bevölke-

chen Definition auf einmal als „Russen" gelten und nicht als Juden. Somit teilen die Juden aus der GUS mit den Russlanddeutschen ein ähnliches Schicksal, die, in der Sowjetunion als Deutsche betrachtet und als solche vor allem in den Kriegs- und Nachkriegsjahren diskriminiert, hier nach der Rückkehr in die Heimat ihrer Vorfahren von einem Großteil der Bevölkerung als „Russen" wahrgenommen und bezeichnet werden. Jedoch kamen die jüdischstämmigen Zuwanderer unter der Prämisse, dass sie – nach russisch-sowjetischer Ansicht – Juden sind, und aus diesem Grund stellen die jüdischen Gemeinden den wichtigsten Bezugspunkt für die Zuwanderer bei vielen Fragen des täglichen Lebens dar, und die Gemeinden müssen damit umzugehen lernen, dass diese mit dem Jüdischsein die Zugehörigkeit zu einer Nationalität und nicht zu einer Religion verbinden.[179]

Insgesamt betrachtet gestaltet sich die Situation sowohl der Gemeinden als auch der Zuwanderer bisher als nicht sehr befriedigend. Kessler spricht von der „Zweischneidigkeit"[180] in Bezug auf die Unterstützung der Migranten, da diese „nicht nur Hilfe, sondern auch Hindernis"[181] sein kann. „Wir brauchen uns nicht zu wundern, daß Zuwanderer nach zehn Jahren Berlin kein Deutsch können oder immer wieder zu uns kommen, damit wir ihre Probleme lösen",[182] räumt sie ein und stellt somit in Frage, ob russischsprachige Gemeindezeitungen, Freizeitprogramme und dergleichen tatsächlich dienlich für die Integration der Zuwanderer in die deutsche Gesellschaft und in das jüdische Gemeindeleben sind. Eine gelingende Integration erfordert eine bewusste Auseinandersetzung mit Verhaltensweisen und Erwartungen auf beiden Seiten sowie ein langfristiges Umdenken aller Beteiligten, sowohl von Seiten der Migranten als auch der Gemeinden.[183]

3.4 Die sprachliche Situation der russischsprachigen Einwanderer in Deutschland

Nachdem sich die vorangegangenen Kapitel mit der Präsenz der Einwanderer aus russischsprachigen Ländern in Deutschland, mit der Geschichte und der Lebenssituation der größten Zuwanderergruppen befassten, geht dieses Kapitel auf die besondere sprachliche Situation der Migranten ein, die als Träger der russisch-deutschen Bilingualität in Deutschland zu betrachten sind. Zur aktuellen russisch-deutschen Zweisprachigkeit in Deutschland und den Assimilationspro-

---

rungen der GUS-Staaten weit verbreitet.
[179] Vgl. Kessler (b), http://www.juden-in-berlin.de/gemeinde/sozialarbeit-2.htm (13.02.06).
[180] Ebd.
[181] Ebd.
[182] Ebd.
[183] Vgl. ebd.

zessen auf sprachlicher Ebene existiert zum gegenwärtigen Zeitpunkt ein sehr überschaubares Spektrum an Forschungsliteratur. So befassen sich vor allem Katharina Meng, Ekaterina Protasova, Nina Berend und Kerstin Anders[184] in verschiedenen Studien vorrangig mit dem Einfluss der russischen auf die deutsche Sprache der Russlanddeutschen, welche von der besonderen Spezifik gekennzeichnet ist, dass die deutsche Minderheit in Russland seit ihrer Einreise in der zweiten Hälfte des 18. Jahrhunderts bis zum Zweiten Weltkrieg, und teilweise darüber hinaus, ihre deutschen Dialekte[185] an die nächsten Generationen weitergeben und somit bewahren konnte. Dies bedeutet, dass, auch wenn etwa 70-80 % der Russlanddeutschen zum Zeitpunkt der Immigration in die BRD überhaupt keine Deutschkenntnisse aufweisen,[186] so doch zumindest ein Teil des verbleibenden Viertels bis Fünftels die deutsche Sprache in einer dialektalen Variante beherrscht, die in den deutschen Sprachinseln[187] in der Gegend um Omsk/Tomsk in Westsibirien auch in Zeiten des Kalten Krieges weitgehend konserviert werden konnte und die im Einzelfall nach der Einreise nach Deutschland präsent ist. Die russlanddeutschen Dialekte jedoch unterscheiden sich von den heute in Deutschland existierenden Dialekten. Dies wird vor allem deutlich an der Vielzahl von Entlehnungen aus der russischen Sprache.[188]

Mit diesen Besonderheiten im Sprachverhalten nach der Rückkehr nach Deutschland beschäftigt sich seit 1992 das Projekt *Sprachliche Integration von Aussiedlern* am Institut für Deutsche Sprache in Mannheim. Im Einzelnen widmet sich die Projektgruppe, zu welcher Katharina Meng, Nina Berend und Ulrich Reitemeier gehören, der sprachlichen Integration von Aussiedlern aus der GUS und Polen anhand dreier Teilprojekte, die sich folgenden Themen widmen:
1. der sprachliche Anpassungsprozess der Russlanddeutschen während der In-

---

[184] Auffallend und interessant ist, dass sich bisher mehrheitlich Frauen mit der gegenwärtigen russisch-deutschen Zweisprachigkeit und dem russisch-deutschen Sprachkontakt auseinandersetzten. Da jedoch Untersuchungen und Veröffentlichungen dazu ohnehin in sehr geringer Zahl vorhanden sind, zeugt dies nicht von einer besonderen Aussagekraft hinsichtlich des Geschlechterverhaltens in Bezug auf Studien zur russisch-deutschen Zweisprachigkeit.
[185] Da die deutschen Siedler aus unterschiedlichen Gegenden kamen, so z. B. aus Hessen, der Pfalz, Württemberg, dem Rheinland, dem Elsass, Lothringen und der Schweiz, sprachen sie unterschiedliche Mundarten vom Schwäbischen, Bayrischen, Hessischen, Sächsischen bis zum Plattdeutschen. Somit hatten sie Schwierigkeiten, sich untereinander zu verstehen, da sie das Hochdeutsche kaum beherrschten. Aus diesem Grund mischten sie die Dialekte soweit, bis Verständigung wenigstens innerhalb eines Dorfes möglich war. Diese gemischten Dialekte bezeichnet man als russlanddeutsche Dialekte. „Doch ein eigenständiges ‚Russlanddeutsch' hat sich nie entwickelt." Vgl. Babylon an der Wolga. Eine russlanddeutsche Sprache hat sich nie entwickelt. In: Beauftragter der Bundesregierung für Aussiedlerfragen und nationale Minderheiten (Hg.) (a), S. 10.
[186] Vgl. Protasova, S. 339.
[187] Zum Begriff *Sprachinsel* vgl. Riehl, S. 56-60.
[188] Vgl. Protasova, S. 339.

tegrationsphase in Deutschland; 2. die Zweisprachigkeit innerhalb ihrer Familien und ihre Folgen für den Spracherwerb der Kinder; 3. die Kommunikationsbeziehungen zwischen Aussiedlern und Einheimischen und die Identitätsarbeit von Aussiedlern im Kontakt mit Einheimischen.[189] Nina Berend befasst sich in ihrer Monographie mit der Veränderung der mitgebrachten russlanddeutschen Dialekte in Deutschland,[190] während Katharina Meng in den, anhand von sowohl Querschnitts- als auch Längsschnittsuntersuchungen erstellten, Sprachbiographien von Aussiedlerfamilien auf die generationsspezifischen Unterschiede der sprachlichen Einflüsse – von verfügbaren dialektalen Deutschkenntnissen bei den Urgroßeltern und, wenn vorhanden, dem Status des Russischen als Zweitsprache bis zu keinerlei Deutschkenntnissen bei den Kindern zum Zeitpunkt der Einreise – im Zusammenhang mit der sprachlichen Integration eingeht.[191]

Den geringen Umfang der Forschungsliteratur zum russisch-deutschen Sprachkontakt der heutigen Zeit betont auch Kerstin Anders selbst – im Jahr 1993 –, welchen sie allerdings im Zusammenhang mit der politischen Situation der letzten Jahrzehnte betrachtet.[192] So sieht sie einen möglichen Grund der sprachwissenschaftlichen Zurückhaltung in der „Furcht vor dem Vorwurf der Deutschtümelei"[193]. Sie untersuchte als eine der ersten nach 1990, demzufolge nach Beginn der vierten russischsprachigen Immigrationswelle, die Einflüsse des Russischen auf die deutsche Sprache von Russlanddeutschen, von denen die ältere Generation teilweise einen russlanddeutschen Dialekt beherrschte.[194] Doch obwohl seitdem bereits mehr als zehn Jahre vergangen sind, stellt die Forschung zur russisch-deutschen Zweisprachigkeit in einem Rahmen, der diese nicht als Phänomen ausschließlich der russlanddeutschen Migranten auffasst, noch immer ein Desiderat dar. Allein Alexandra Goldbach legte mit ihrer im Jahr 2005 veröffentlichten Magisterarbeit erstmalig ein Werk zum deutsch-russischen Sprachkontakt seit 1990, insbesondere zu deutschen Transferenzen und Code-switching, bei allgemein Russischsprachigen in Berlin vor.[195] Sie widmet sich der russisch-deutschen Zweisprachigkeit in einem Kontext, welcher zum einen über das Sprachverhalten von ausschließlich Russlanddeutschen hinausgeht und sich

---

[189] Vgl. http://www.ids-mannheim.de/ksgd/agd/korpora/askorpus.html (23.02.06).
[190] Berend, Nina: Sprachliche Anpassung. Eine soziolinguistisch-dialektologische Untersuchung zum Russlanddeutschen. Tübingen, 1998.
[191] Meng, Katharina: Russlanddeutsche Sprachbiografien. Untersuchungen zur sprachlichen Integration von Aussiedlerfamilien. Tübingen, 2001.
[192] Vgl. Anders, S. 9.
[193] Ebd.
[194] Anders, Kerstin: Einflüsse der russischen Sprache bei deutschsprachigen Aussiedlern. Untersuchungen zum Sprachkontakt Deutsch-Russisch. Mit Transkriptionen aus fünf Gesprächen. Hamburg, 1993.
[195] Goldbach, Alexandra: Deutsch-russischer Sprachkontakt. Deutsche Transferenzen und Code-switching in der Rede Russischsprachiger in Berlin. Frankfurt am Main, 2005.

zum anderen auf den Einfluss des Deutschen auf die russische Sprache russischsprachiger Zuwanderer konzentriert. Als Vertreter der russischen Seite ist zudem auf Elena Andreevna Zemskaja zu verweisen, welche die Veränderungen der russischen Sprache in der Diaspora untersucht, somit nicht nur in Deutschland, sondern ebenso in Italien, Frankreich, Finnland und den USA, wobei sie vor allem das Sprachverhalten von Emigranten der ersten Ausreisewelle und deren Nachkommen berücksichtigt.[196]

Im Folgenden wird zunächst vor allem auf der Grundlage eines Aufsatzes von Katharina Meng und Ekaterina Protassova die gemischtsprachige Sprechweise von Aussiedlern beziehungsweise Spätaussiedlern – als einzig hinreichend erforschte unter den Gruppen russischsprachiger Zuwanderer – vorgestellt. Es kann jedoch davon ausgegangen werden, dass deren Sprechweise, sofern sie nicht an die Bedingung von mitgebrachten russlanddeutschen Dialekten geknüpft ist, sich auf das Sprachverhalten der anderen Gruppen russischsprachiger Zuwanderung übertragen lässt. Anschließend folgt ein ausführliches Kapitel zur aktuellen individuellen russisch-deutschen Zweisprachigkeit in Deutschland anhand der Analyse einiger Fallbeispiele.

3.4.1 Identität durch Sprache:
Das sprachliche Selbstverständnis der Russlanddeutschen

Der sprachliche und der kulturelle Aspekt sind in der Sozialisation eines jeden Menschen miteinander untrennbar verbunden, so auch bei den Russlanddeutschen, bei welchen sich der Zusammenhang zwischen Sprache und Kultur aufgrund der historischen Gegebenheiten als sehr komplex gestaltet. So setzte sich zwar in der Spracherwerbsforschung der Begriff Erstsprache anstelle von Muttersprache als Bezeichnung für die Sprache, die ein Kind von Geburt an lernt, durch (vgl. Kapitel 2.6.1), aber im Unterschied zum Begriff der Erstsprache verfügt der Begriff der Muttersprache, zumindest für den Laien, über ein zusätzliches Bedeutungsspektrum auf emotionaler Ebene: das der sprachlich-ethnischen Zugehörigkeit. Es zeigt sich, dass ein Teil der heute noch in der GUS lebenden Russlanddeutschen auch dann Deutsch als seine Muttersprache benennt, wenn dieser selbst überhaupt kein Deutsch oder es nur in Ansätzen sprechen kann.[197]
Doch zur Bedeutung der russischen Sprache für die Russlanddeutschen führt Meng an:

> „Die russische Sprache ist für die Aussiedler in Deutschland aber nicht nur ein Werkzeug zum Erwerb neuen Wissens. Als problemlos verfügbare Sprache ist sie zugleich lange Zeit die Sprache, in der die Alltagskommunikation vollzogen und das emotiona-

---

[196] Zemskaja, E. A.: Jazyk russkogo zarubež'ja. Obščie processy i rečevye portrety. Moskva/Vena, 2001.
[197] Vgl. Riehl, S. 153f.

le Gleichgewicht aufrecht erhalten wird. Mehrere Informanten [...] berichteten, dass sie sich in der russischen Sprache erholen, dass sie nur in der russischen Sprache das Lesen genießen können, dass sie auf Russisch die Wörter schneller und passender finden, dass sie auf Russisch besser erklären können, um was es ihnen geht, und dass das Russische ihnen symbolisch und praktisch zur Selbstidentifizierung dient: Russlanddeutsche sind Deutsche mit einer speziellen gemeinsamen Vergangenheit; die russische Sprache ist für viele von ihnen mit der Erinnerung an das Herkunftsland und der Vermittlung traditioneller familiärer Werte sowie mit den zurückgelegten Phasen der Integration verbunden. Alle Forderungen, sich entweder nur zu den mit der russischen Sprache verbundenen Erfahrungen oder aber nur zu den mit der deutschen Sprache verbundenen Erfahrungen zu bekennen, gehen an der besonderen Erfahrungswelt der Russlanddeutschen vorbei und fügen ihnen Verletzungen zu."[198]

Während die Russlanddeutschen in der Sowjetunion bis in das erste Drittel des 20. Jahrhunderts hinein die deutsche Sprache in verschiedenen Dialekten gebrauchten und pflegten und dies auch institutionell gefördert wurde, wurde diese Minderheitensprache seit den 1930er Jahren und besonders seit dem Zweiten Weltkrieg immer mehr unterdrückt und verdrängt. Im Laufe der nachfolgenden Generationen verloren die Russlanddeutschen mehr und mehr ihre deutsche Sprache, so dass die jüngere Generation heute vor der Einreise in die Bundesrepublik kaum mehr als rudimentäre Deutschkenntnisse aufzuweisen hat.[199]
Dies zeigt, dass sich die Sprachgeschichte der Russlanddeutschen in zwei Zeitabschnitte einteilen lässt. Die erste Phase dauert von der ersten Einwanderungswelle der deutschsprachigen Siedler nach Russland 1763 bis zur Deportation unter Stalin im Jahre 1941. Sie ist gekennzeichnet von relativer Stabilität und Kontinuität. Dies war möglich, weil die Ortschaften, in denen die Russlanddeutschen lebten, in der Regel homogen waren und deutsche Siedlungen darstellten, in denen eine der vorherrschenden deutschen Dialektvarianten als Verkehrssprache verwendet wurde. Diese Siedlungen stellten in der Regel keine vereinzelten Dörfer, sondern große zusammenhängende Landschaften dar, welche sich auch im Sprachgebrauch manifestierten, so zum Beispiel die wolgadeutsche, wolhyniendeutsche und sibiriendeutsche Sprachlandschaft. In der zweiten Phase, die im Zweiten Weltkrieg einsetzte und im Grunde bis heute andauert und von Instabilität und Diskontinuität geprägt ist, wurden diese Sprachinseln weitgehend zerstört. Die Russlanddeutschen wurden aus ihren zusammenhängenden Siedlungen im europäischen Teil der Sowjetunion herausgerissen und familienweise in den Osten, vor allem nach Sibirien, Kasachstan und Kirgisien, deportiert, wo sie sich plötzlich in anderssprachiger Umgebung wiederfanden, in der das Deutsche stigmatisiert war[200] – „mit allen daraus für den

---
[198] Meng, S. 452f.
[199] Vgl. Meng/Protassova, S. 229.
[200] Vgl. Berend, S. 18.

Spracherhalt und Sprachverlust folgenden Konsequenzen"[201]. Da den Russlanddeutschen auch in der Nachkriegszeit die Rückkehr in die früheren Siedlungsgebiete, in denen sie bis 1941 lebten, verwehrt blieb, sind ihre sprachlichen Verhältnisse als unstabil zu bezeichnen,[202] „was zum allmählichen Abbau der Deutschkenntnisse und zum Verlust des Deutschen"[203] führte.
Katharina Meng und Ekaterina Protassova stellen im Laufe ihrer langjährigen Beobachtungen und Untersuchungen fest, dass die heute in Deutschland lebenden Russlanddeutschen häufig „die sprachlichen Grenzen zwischen Deutsch und Russisch überspringen und mit größter Selbstverständlichkeit Äußerungen produzieren und rezipieren, in denen deutsche und russische Elemente miteinander verknüpft sind"[204] und demnach Code-switching und Interferenzen für ihre Sprache charakteristisch sind. Diese sprachliche Anpassung ist auf sozialer Ebene als wichtiger Bestandteil der Integration in die deutsche Gesellschaft aufzufassen.[205]
Die Autorinnen greifen auf die Aussage ihrer Informanten zurück und bezeichnen diese gemischte Sprache als „Aussiedlerisch"[206]. Grundlage dieses Beitrags zum „Aussiedlerisch" bildet eine Untersuchung, bei der einigen russlanddeutschen Familien, die seit mehreren Jahren in Deutschland leben, zehn auf Kassette aufgenommene Beispielsätze einer russlanddeutschen Sprecherin[207] vorgespielt wurden. Diese Spätaussiedlerfamilien stellen die Informanten von Meng und Protassova dar. Die Autorinnen analysieren in ihrem Aufsatz die Reaktionen der Spätaussiedler auf die Beispielsätze und beweisen unter anderem, dass den Sprechern selbst nicht immer bewusst ist, dass sie gemischtsprachige Äußerungen produzieren und diese auch bei anderen im Gespräch nicht als solche identifizieren, obwohl sie die Sprache von Russlanddeutschen als solche erkennen. Die Sprecher des „Aussiedlerisch" merken dem Gesprächspartner zwar an, dass es sich um einen Russlanddeutschen handelt, es ist ihnen aber nicht bewusst, dass dieser in seiner Sprache deutsche und russische Elemente verbindet.[208]
Die Motive und Gründe für den Gebrauch des „Aussiedlerisch" entsprechen im Wesentlichen denen, nach denen auch andere Sprachminderheiten und überhaupt Bilinguale Code-switching betreiben, und liegen nach eingehender Analyse von Meng und Protassova vor allem in der genauen und eindeutigen Bezeichnung von in der GUS nicht existenten Sachverhalten und Realien. Dies betrifft

---

[201] Ebd.
[202] Vgl. ebd., S. 20.
[203] Ebd.
[204] Meng/Protassova, S. 230.
[205] Vgl. Berend, S. 2.
[206] Dies wird bereits im Titel des Aufsatzes deutlich. Vgl. Meng/Protassova, S. 229.
[207] Diese Sprecherin war Nina Berend, welche selbst etliche Publikationen zur Sprache von Russlanddeutschen verfasste. Vgl. Anm. 190.
[208] Vgl. Meng/Protassova, S. 238.

vor allem die Integration von deutschen Lexemen in russische Phrasen. Man müsste sich teilweise sehr umständlich ausdrücken, wollte man bei der Beschreibung von für das Leben in Deutschland charakteristischen Sachverhalten unter allen Umständen in der russischen Sprache bleiben, ohne auf deutsche Bezeichnungen zurückzugreifen. Als Beispiel soll hier der Begriff *feste Anstellung* dienen. Im sowjetischen Leben spielten Sachverhalte wie *Probezeit, befristetes* oder *unbefristetes Arbeitsverhältnis* und die damit verbundene Unterscheidung keine Rolle, und aus diesem Grund existierten dafür keine russischen Bezeichnungen. Da es für einen Aussiedler beziehungsweise Spätaussiedler in Deutschland aber von Bedeutung ist, ob er fest oder nur vorübergehend angestellt ist, transferiert er das deutsche *fest* ins Russische, weil er das potenzielle russische Äquivalent на совсем als stilistisch nicht angemessen empfindet, und es entstehen Sätze wie *Он взял его fest* (*Er stellte ihn fest ein*).[209] In einem anderen Beitrag betont Protasova, dass die Russlanddeutschen in ihrer russischen Sprache Wörter gebrauchen, welche deren neuen Lebensstil ausdrücken, so sagen sie zum Beispiel *танковаться*, das vom deutschen Verb *tanken* abgeleitet und mit den russischen Verbmorphemen *о-ва-ть-ся* versehen wurde, statt заправлять машину бензином (wörtlich: *das Auto mit Benzin füllen*).[210]
Zudem gibt es im Deutschen Floskeln, welche für die Russlanddeutschen eine bestimmte Bedeutung haben und mit bestimmten komplexen Situationen assoziiert werden. Weil sie sie zum Beispiel bei Behördengängen oder Bewerbungsgesprächen häufig hören, prägen sie sich diese schnell ein und übernehmen sie in russische Äußerungen. Ein Informant bezeichnet mit der Wortneuschöpfung *Tutmirleid-чики* Briefe, welche Ablehnungsbescheide auf Bewerbungen enthalten, da er die Floskel *Tut mir leid* oft in Verbindung mit einer Absage bei Bewerbungsgesprächen zu hören bekam.[211]
Manche russische Ausdrücke werden für das Leben in Deutschland offenbar unbewusst als unangemessen empfunden und durch deutsche wiedergegeben. Ein Beispiel für dieses dritte Motiv der gemischten Sprache ist die Verwendung des deutschen Substantivs *Urlaub* anstelle des russischen *отпуск*.[212] Eine fundierte Erklärung für dieses Phänomen gibt es jedoch nicht.
In der russischen Sprache von Russlanddeutschen finden sich ebenso Wortschatzlücken, die sie mit Hilfe von deutschen Bezeichnungen zu füllen versuchen (vgl. Kapitel 2.7.1.1). Diese Lücken können vorübergehender oder dauerhafter Natur sein. Oft handelt es sich dabei um Begriffe für Sachverhalte, mit denen man sich in Deutschland als Aussiedler oder Spätaussiedler auseinandersetzen muss, die aber für das Leben in der Sowjetunion eine wesentlich gerin-

---

[209] Vgl. ebd. S. 246f.
[210] Vgl. Protasova, S. 339.
[211] Vgl. Meng/Protasova, S. 246f.
[212] Vgl. ebd., S. 247f.

gere Bedeutung hatten. So berichtet eine Informantin, dass ihr die russische Bezeichnung für *Versicherung* (russ. *страховка*) entfallen war. Dies wurde ihr erst bewusst, als sie während eines Besuchs in Russland von ihren Gesprächspartnern nicht verstanden wurde. Sie wiederum konnte nicht nachvollziehen, dass diesen der deutsche Begriff *Versicherung* unbekannt war.[213] Dies verdeutlicht zudem, dass den Sprechern des „Aussiedlerisch" oftmals nicht bewusst ist, dass sie Elemente des Deutschen in ihre russische Sprache einbauen und umgekehrt.

Ein weiterer Grund für das Code-switching der Russlanddeutschen besteht darin, dass manche russische Ausdrücke oder Redewendungen nicht genau durch deutsche Äquivalente wiedergegeben werden können, weil diese den Kern der Sache nicht treffen. Zum Beispiel halten die Informanten von Meng und Protassova den folgenden Satz für sehr gelungen: *Wie die allerersten aus unserem Dorf nach Deutschland gefahren sind, деревня наша на ушах стояла (..., stand das Dorf auf den Ohren).* Es gibt im Deutschen keine Redewendung, welche genau das ausdrückt, was der Sprecher sagen will.[214] Eine „schnelle, unangestrengte Verständigung"[215] innerhalb der Sprachgemeinschaft ist ein wichtiges Motiv für den Sprachwechsel.[216]

Einen weiteren Grund für das Code-switching sehen die Informanten von Meng und Protassova darin, dass sie neue deutsche Begriffe üben und ihre Kinder im Erwerb der deutschen Sprache unterstützen wollen. Um einen ganzen Satz auf Deutsch zu sagen, reichen die Sprachkenntnisse jedoch oft noch nicht aus. So weichen manche russlanddeutsche Eltern darauf aus, zumindest kurze Aufforderungen gegenüber ihren Kindern wie *Geht schlafen!* auf Deutsch zu formulieren.[217]

Der Einbau von deutschen Wörtern wie *aber, genau, trotzdem* in russische Äußerungen beweist dem Gegenüber, dass man das Deutsche bereits auf einem bestimmten Niveau beherrscht, und dient somit der Erhöhung des Ansehens.[218] Ebenfalls nicht zu vergessen ist das parodistisch-humoristisch motivierte Codeswitching.[219]

Im Laufe der Untersuchung gelangten die Informanten zu der Einsicht, dass sie gemischtsprachige Äußerungen verwenden, sie dies selbst aber nicht bemerken. Bewusst wird es ihnen im realen Leben nur dann, wenn Freunde oder Verwandte aus dem russischsprachigen Raum zu Besuch kommen und Erstaunen über

---

[213] Vgl. ebd., S. 248.
[214] Vgl. ebd., S. 248f.
[215] Ebd., S. 249.
[216] Vgl. ebd.
[217] Vgl. ebd., S. 249f.
[218] Vgl. ebd., S. 250f.
[219] Vgl. ebd., S. 251.

ihre Sprache zeigen oder wenn sie selbst in die GUS reisen und dort von ihren Gesprächspartnern teilweise nicht verstanden werden beziehungsweise diese sehr verwundert über ihre Sprechweise sind. Ebenso die Untersuchung selbst, das Vorspielen der Beispielsätze, löste bei den Spätaussiedlern eine Reflexion über ihr eigenes Sprachverhalten aus.[220]

Was die Bewertung dieses gemischtsprachigen Sprechens betrifft, so ließen sich bei den Informanten drei Bewertungshaltungen feststellen: wertneutral, kritisch und selbstbewusst-gelassen. Wertneutrale Haltung bedeutet, dass die gemischtsprachigen Phrasen weder als positiv noch als negativ betrachtet werden, allerdings werden hier auch die jeweiligen Kommunikationsbedingungen einbezogen. Konkret heißt das, dass im privaten und familiären Umfeld das gemischtsprachige Sprechen gebilligt wird, während es im offiziellen Rahmen „ungebildet und kulturlos"[221] wirke.[222] Die kritische Haltung, welche Selbstkritik einschließt, wird sowohl auf verbale als auch auf nonverbale Weise deutlich. Sie äußert sich in Anzeichen von Scham und Verlegenheit und „in expliziten Verurteilungen gemischtsprachigen Sprechens und in Rechtfertigungen"[223]. *Это ужасно мы говорим* (*Furchtbar sprechen wir*), so kritisiert eine Informantin, und eine andere sagt auf Deutsch: *Gott, ich schäme mich für solche Sprache.*[224] Die selbstbewusst-gelassene Haltung zeigt sich in amüsierten Reaktionen, bei denen auch „ein gewisser Stolz über die eigenen sprachschöpferischen Fähigkeiten"[225] zu Tage tritt. Hier scheint den Informanten ihre Sprachmischung bewusst zu werden, denn sie behaupten, drei Sprachen zu sprechen: Russisch, Deutsch und „Aussiedlerisch". Vom Gebrauch des „Aussiedlerisch" würden sie profitieren, wenn sie jeweils Deutsche oder Russen aus dem Gespräch ausschließen möchten.[226]

Die Informanten betonen, dass sie das gemischtsprachige Sprechen nicht als individuelle Gewohnheit betrachten und individuelle Wortschöpfungen nur vereinzelt auftreten. Gemischtsprachige Äußerungen sind demnach ein Kennzeichen der russlanddeutschen Sprachgemeinschaft in Deutschland, welche sie bereits im Aufnahmelager über die sich schon länger dort aufhaltenden Aussiedler erwerben.[227] Innerhalb der Kommunikation mit einheimischen Deutschen bemühen sich die Informanten allerdings um eine möglichst reine deutsche Sprache, um Sanktionierungen zu vermeiden. Wenn sie dennoch spontan gemischtsprachige Äußerungen von sich geben, können sie gelegentlich auftretende ableh-

---

[220] Vgl. ebd., S. 251f.
[221] Ebd., S. 253.
[222] Vgl. ebd., S. 252f.
[223] Ebd., S. 253.
[224] Vgl. ebd.
[225] Ebd., S. 254.
[226] Vgl. ebd., S. 254-56.
[227] Vgl. ebd., S. 256-58.

nende Reaktionen der deutschen Gesprächspartner zwar einerseits nicht verstehen, andererseits aber begrüßen sie den Zwang zur Kommunikation in ausschließlich deutscher Sprache.[228] Die Autorinnen fassen dies folgendermaßen zusammen:

> „[Die Informanten] schwankten zwischen Resignation und Tendenzen des Rückzugs in die Gemeinschaft der Aussiedler einerseits und andererseits erneuten Versuchen, sich der oft frustrierenden Kommunikation mit den ‚örtlichen Deutschen' zu stellen."[229]

Das Phänomen einer gemischten Sprache „aus der Notwendigkeit einer schnellen und radikalen Sprachumstellung"[230] ist für das Volk der Russlanddeutschen keine Neuheit. Im Laufe ihrer Geschichte befanden sie sich mehrmals in einer ähnlichen Situation, so dass die Informanten „auf die partielle Vergleichbarkeit ihrer gegenwärtigen sprachlichen Situation mit der sprachlichen Situation der Russlanddeutschen nach der Deportation 1941"[231] hinwiesen. Ihre Vorfahren mussten damals erleben, wie ihre Erstsprache Deutsch als Sprache der deutschen Faschisten entwertet wurde, so dass sie gezwungen waren, Russisch zu lernen und damit zu kommunizieren. Dies gelang ihnen teilweise jedoch in geringem Maße,[232] so dass ihre russische Sprache von gemischtsprachigen Phrasen, dem Weglassen von Deklinations- und Konjugationsendungen und ähnlichen Normverstößen gekennzeichnet war. Darauf reagierten die Kinder und Enkel, welche in den nachfolgenden Generationen „in die russischsprachige Mehrheitsgesellschaft hineingeboren wurden und viel schneller und erfolgreicher Russisch lernten"[233], mit Befremdung.[234]

Meng und Protassova streichen heraus, dass zwischen dem damaligen Sprachwechsel und dem heutigen ein spiegelbildliches Verhältnis besteht: Nach der

---

[228] Vgl. ebd., S. 258f.
[229] Ebd., S. 259.
[230] Ebd.
[231] Ebd.
[232] Berend gibt an, dass 1934 30 % der wolgadeutschen Schüler unbefriedigende Russischnoten vorzuweisen hatten. Auch nach der Einführung des Russischen als Pflichtfach 1937 und der Erweiterung der Russischstunden „war die Russisch-Kompetenz der russlanddeutschen Bevölkerung sehr mangelhaft." Berend, S. 14.
[233] Meng/Protassova, S. 259.
[234] Vgl. ebd., S. 259f. Bei den Russlanddeutschen trifft demzufolge die so genannte Drei-Generationen-Regel der Mehrsprachigkeit von Migranten zu. „Diese besagt, dass die erste Generation die neue Sprache des Einwandererlandes nur unvollständig erwirbt, die zweite Generation zweisprachig ist (in der Sprache der Eltern und der Sprache des Einwandererlandes) und die dritte Generation schließlich wieder einsprachig in der Sprache des Gastlandes." Riehl, S. 61. Die erste Generation ist, bezogen auf den Fall der Russlanddeutschen, die jener, welche während des Zweiten Weltkriegs und somit während der Deportationen bereits erwachsen war.

Deportation von 1941 fand ein „Übergang von der primären deutschen Einsprachigkeit zu transitionaler deutsch-russischer Mehrsprachigkeit zu – tendenziell – sekundärer russischer Einsprachigkeit"[235] statt, während sich in Deutschland nach der Einreise ein „Übergang von der (teils sekundären, teils primären) russischen Einsprachigkeit zu transitionaler deutsch-russischer Mehrsprachigkeit zu – tendenziell – deutscher Einsprachigkeit"[236] vollzieht. Die Tatsache, dass sich diese Grundstruktur sprachlicher Minderheitsentwicklung innerhalb weniger Generationen, demzufolge innerhalb weniger Jahrzehnte, wiederholt, ermöglicht den Spätaussiedlern einen Zugang zu ihrer derzeitigen sprachlichen Situation, doch allein das Verständnis dafür erleichtert ihnen ihre Lage nicht.[237]
Zusammenfassend lässt sich festhalten, „dass den Russlanddeutschen der jungen Erwachsenengeneration ein reiches Erinnerungs- und Erfahrungswissen über russisch-deutsch gemischtsprachige Kommunikation zur Verfügung steht"[238], so dass sie in der Lage sind, ihre gemischtsprachige Sprechweise in Abhängigkeit vom jeweiligen Kommunikationskontext zu bewerten und als besondere eigene Varietät zu akzeptieren.

3.4.2 Porträts: Sprachbiographien und kulturelle Identität

Nachdem im vorangegangenen Kapitel die Ergebnisse einer Studie zum gemischtsprachigen Sprechen von in Deutschland lebenden Russlanddeutschen vorgestellt wurden, soll in diesem Kapitel anhand von sechs Fallbeispielen die russisch-deutsche Zweisprachigkeit in ihrer jeweiligen Individualität beleuchtet werden. Der vergleichsweise schmale Rahmen der vorliegenden Arbeit erlaubt es nicht, eine statistische Datenerhebung in größerem und somit aussagekräftigerem Umfang durchzuführen, um Schlussfolgerungen zu ziehen, welche eine Verallgemeinerung der sprachlichen Situation russisch-deutscher Bilingualer in Deutschland zulassen. Die im Folgenden vorgestellten Sprachbiographien sollen lediglich die Vielschichtigkeit des Spektrums veranschaulichen und die in Kapitel 2 dargelegten Theorien und Thesen zur allgemeinen Zwei- und Mehrsprachigkeit verifizieren beziehungsweise falsifizieren. Ziel ist ebenso zu verdeutlichen, dass die Russischsprachigen in Deutschland keine homogene Masse bilden und dass nicht jeder Russischsprache unbedingt gleich Russe ist. Selbst wenn jemand Russe im Sinne der Zugehörigkeit zur russischen Ethnie ist, bedeutet das jedoch nicht zwangsläufig in jedem Fall, dass er aus Russland einreiste. In der Sowjetunion waren Umzüge aus den unterschiedlichsten Gründen über Republikgrenzen hinaus und Mischehen zwischen Angehörigen verschiedener Nationalitäten keine Seltenheit, so dass sehr viele russischsprachige Menschen ver-

---

[235] Meng/Protassova, S. 262.
[236] Ebd.
[237] Vgl. ebd.
[238] Ebd.

schiedene ethnische und kulturelle Wurzeln haben. So verfügt jeder meiner Informanten über einen ganz eigenen biographischen, sprachlichen und kulturellen Hintergrund, dessen Spiegel und Ergebnis auch eine sehr individuelle russisch-deutsche Zweisprachigkeit ist. In keiner Republik der ehemaligen Sowjetunion stellte Russisch die alleinige Sprache dar, so dass für die meisten Russischsprachigen, welche heute in Deutschland leben, Zwei- oder Mehrsprachigkeit keine neue Erscheinung darstellt.[239] Diese Tatsache widerspiegelt sich auch in den Sprachbiographien meiner Informanten.

Im Folgenden werden zunächst die Methoden der Datenerhebung für diese Studie vorgestellt, anschließend wird ausführlich auf die sprachliche Situation und das Sprachverhalten der Informanten eingegangen, und schließlich werden einige Aussagen der Informanten zusammengefasst und ausgewertet, sofern diese unter Berücksichtigung der Individualität der jeweiligen Zweisprachigkeit eine Verallgemeinerung innerhalb der Informantengruppe zulassen.

3.4.2.1   Datengrundlage und Methoden der Datenerhebung

Die Querschnittsstudie bezieht sich auf sechs Informanten, welche auf verschiedene Weise die russisch-deutsche Zweisprachigkeit erlangten. Mittels eines standardisierten deutschsprachigen Fragebogens (siehe S. 106-108 im Anhang) und eines Interviews, welches auf die individuellen Besonderheiten der Zweisprachigkeit einging und parallel zum Ausfüllen des Fragebogens durchgeführt und auf Band aufgezeichnet wurde, gaben die Informanten Auskunft über ihre Sprachbiographie und derzeitige sprachliche Situation und zu ihrem kulturellen Selbstverständnis.[240] Der Fragebogen erfasst zunächst formale Angaben zu Alter (Geburtsjahr) und Migrationsbewegungen (Ortswechsel) innerhalb der Sowjetunion beziehungsweise der GUS, zur genauen Aufenthaltsdauer in Deutschland (Frage 1.), zum Herkunftsland (Frage 2.) und zum Einreisezweck (Frage 3.). Weiterhin geht er auf Sprachkenntnisse allgemein, somit auch von Fremdsprachen, ein (Frage 4.) und untersucht anschließend die sprachlichen Ausgangsbedingungen für das Erlangen der gegenwärtigen russisch-deutschen Zweisprachigkeit (Fragen 4.1. bis 4.6., 4.9., 4.10.), wobei auch die Tatsache von eventuell gegebener Zweisprachigkeit im Herkunftsland berücksichtigt wird (Frage 4.1. und 4.2.). Die Fragen zur Familien- und Umgebungssprache (Fragen 4.11. und 4.12.) beziehen sich vorrangig auf Personen mit bilingualem Erstspracherwerb, konnten aber teilweise auch auf die übrigen Informanten angewendet werden.

---

[239] Zur Situation der Zwei- und Mehrsprachigkeit in den damaligen Sowjetrepubliken vgl. Dešeriev, Ju. D. (Hg.): Razvitie nacional'no-russkogo dvujazyčija. Moskva, 1976.
[240] Einige wenige Unstimmigkeiten oder offen gebliebene Fragen, die während der Analyse zu Tage traten, klärte ich anschließend telefonisch. Diese Gespräche wurden nicht aufgezeichnet, Informationen aus diesen Telefonaten wurden jedoch in der Analyse festgehalten. Dies betrifft die Informanten NM und AK.

Zudem werden das derzeitige Sprachverhalten erforscht (Fragen 4.13., 4.14., 4.18., 4.19.) und die jeweiligen Kompetenzstufen in den beiden Sprachen ermittelt (Fragen 4.7., 4.8., 4.15.). Die Informanten sollten auch zur Befindlichkeit gegenüber ihrer Zweisprachigkeit Auskunft geben (Fragen 4.16., 4.17., 4.20. und 4.21.). Während der Fragebogen auf die rein sprachliche Seite der Informanten abzielte, fand in den individuellen Interviewfragen narrativen Typs sowohl die sprachliche Ausgangssituation im Herkunftsland als auch der kulturelle Aspekt ausführliche Berücksichtigung. Die Interviews hatten, im Zusammenhang mit dem Fragebogen, zum einen die Funktion der Reflexion der Informanten über ihre eigene Sprachbiographie, das heißt über ihre eigene Sprachentwicklung von Geburt an, zum anderen dienten sie der ansatzweisen Erbringung von Sprachproben.

Die Informanten entstammen meinem Freundes- und Bekanntenkreis und sind derzeit bis auf die 48jährige Informantin NM[241] zwischen 22 und 31 Jahren alt. Eine Informantin, KG, ist in Deutschland geboren und aufgewachsen; sie ist die einzige in der Untersuchung, welche als Kind einer weißrussisch-deutschen Mischehe zweisprachig russisch-deutsch erzogen wurde. Die übrigen Informanten sind nach Deutschland immigriert. NM lebt bereits seit 33 Jahren in Deutschland, während die übrigen vor fünf bis zehn Jahren einreisten. Zum Zeitpunkt der Immigration waren alle Informanten zwischen 13 und 26 Jahren alt, was bedeutet, dass sich keiner der Befragten während der Einreise noch im ausgesprochenen Kindesalter befand, was, wie oft behauptet, ein scheinbar spielerisches Erlernen der Zweitsprache Deutsch ermöglicht hätte. Die Frage, ob und in welchem Maße das Alter für die Aneignung einer Zweitsprache ausschlaggebend ist, lässt sich anhand der Fallbeispiele nur auf der Ebene von Vermutungen beantworten. Bezüglich des Bildungshintergrunds der Informanten lässt sich feststellen, dass alle über eine höhere Bildung verfügen beziehungsweise sich derzeit in der Studienphase befinden, somit gehören sie der Intellektuellenschicht an. Zum Teil sind zudem ihre Eltern als Lehrende im philologischen universitären oder schulischen Bereich tätig, was auf einen hohen Bildungsgrad in den Familien der Informanten verweist.

Während der Interviews, die jeweils in ungezwungener häuslicher Umgebung unter vier Augen stattfanden und etwa zwischen 30 und 90 Minuten dauerten, ließ sich vielfach die interessante Beobachtung von Code-switching und lexikalischen Interferenzen machen. Dabei versuchte ich, das Gespräch mit den Informanten jeweils in der Sprache zu führen, in welcher wir auch sonst miteinander kommunizieren, um zumindest den Versuch zu unternehmen, trotz des metasprachlichen Gesprächsgegenstands authentisch zu bleiben. Mit KG unterhielt ich mich von vornherein auf Deutsch, da es schon immer unsere Kommunikati-

---

[241] Aus Datenschutzgründen werden die Namen der Informanten nicht explizit erwähnt. Zur Bezeichnung der jeweiligen Informanten werden ihre Initialen verwendet.

onssprache war, und das gesamte Interview fand in deutscher Sprache statt. Mit allen anderen Informanten bemühte ich mich um weitgehend russischsprachige Gespräche, wobei zu beobachten war, dass teilweise russischsprachige Antworten im Interview auf dem – in Deutsch formulierten – Fragebogen in deutscher Sprache festgehalten wurden, es fand demnach ein interessantes Code-switching von mündlich Russisch zu schriftlich Deutsch statt. Der Informantin LK gelang dies nicht. Das Gespräch mit ihr begann zwar ebenfalls auf Russisch, da wir uns auch sonst gewöhnlich auf Russisch unterhalten, aber bald schaltete sie gänzlich auf die deutsche Sprache um, was offensichtlich auf die deutschsprachigen Fragestellungen auf dem Fragebogen zurückzuführen war. Als prägnantestes Beispiel von selbstverständlichem Gebrauch lexikalischer Interferenzen und von Code-switching[242] fiel mir OB auf, welche auf unkomplizierte und unangestrengte Weise deutschsprachige Begriffe aus ihrem deutschen Alltag in ihre russische Redeweise integriert, unbeirrt davon aber weiter auf Russisch spricht. Somit findet bei ihr kein ausdrücklicher Sprachwechsel statt. Ebenso dieser unterschiedliche Umgang mit Code-switching und Interferenzen wird in der folgenden ausführlichen Analyse der Fallbeispiele deutlich.

3.4.2.2 Analyse der Fallbeispiele

Die Informantin KG (Kass. 1a)[243]

Die Informantin KG ist 1980 in Deutschland geboren und bilingual aufgewachsen. Ihre Mutter ist Deutsche, ihr Vater stammt aus Minsk, Weißrussland. Sie erlernte Russisch und Deutsch im bilingualen Erstspracherwerb, demzufolge handelt es sich in ihrem Fall um natürlichen und simultanen Zweisprachigkeitserwerb. Jedoch hielten sich die Eltern nicht an das „Eine Person – eine Sache"-Prinzip (vgl. Kapitel 2.6.1), sie kommunizierten also nicht konsequent in ihrer jeweiligen Erstsprache mit ihrer Tochter. Da die Informantin dennoch nie nennenswerte Sprachmischungen aufwies und sowohl Deutsch als auch Russisch sicher beherrscht, scheint die Frage des Erfolgs oder Misserfolgs des „Eine Person – eine Sache"-Prinzips eine individuelle Angelegenheit zu sein und kann nicht verallgemeinert werden.

So wie die Eltern keine einheitliche Familiensprache und mal deutsch, mal russisch miteinander sprachen, so kommunizierten sie auch mit ihren Kindern.

---

[242] Da die Daten auf einmaligen Interviews beruhen und sich zudem auf eine kleine Informantengruppe beziehen, kann an dieser Stelle keine eindeutige Differenzierung zwischen lexikalischen Interferenzen und Code-switching vorgenommen werden, da das Kriterium der Gebrauchsfrequenz nicht gewährleistet ist. Vgl. Kapitel 2.8.2.2.
[243] Die Analyse der Fallbeispiele bezieht sich auf die Antworten in den Fragebögen und die Gesprächsaufzeichnungen auf Kassettenbändern. Die Kassetten sind durchnummeriert, der Hinweis Kass. 1a verweist darauf, dass sich das Interview mit KG auf Kassette 1, Seite a befindet.

Allerdings sprach der Vater mit seiner Tochter mehr Russisch als Deutsch, da er anfänglich selbst im Deutschen nicht sehr sicher war. Obwohl er Weißrusse ist und selbst zweisprachig aufwuchs und Russisch als Erstsprache und Weißrussisch als Zweitsprache spricht, spielte die weißrussische Sprache keine Rolle in der Familie und somit auch nicht im Spracherwerb der Informantin. Sie sagt deutlich, dass sie das Weißrussische nicht beherrscht, betont aber, dass sie sich während ihrer Aufenthalte in Weißrussland dennoch orientieren könne, wenn die weißrussische Sprache zum Einsatz kommt, so zum Beispiel auf Verkehrsschildern, in der Ansage in der Metro und in ähnlichen Situationen.[244]

Sie berichtet, dass sie während des Spracherwerbs trotz der parallelen Sprachangebote auf der aktiven Ebene zunächst Deutsch gesprochen und zeitversetzt begonnen habe, Russisch zu sprechen. Trotz des bilingualen Erstsprachenerwerbs bezeichnet sie Deutsch als ihre eindeutige Erstsprache – da sie in der deutschen Sprache zu sprechen anfing – und starke Sprache und somit Russisch als ihre Zweitsprache und schwache Sprache. Dies bestätigt die These von Triarchi-Herrmann, dass sich im bilingualen Erstsprachenerwerb in der Regel die Umgebungssprache, in diesem Fall Deutsch, als die starke, dominante Sprache durchsetzt, und dass die Spracherwerbsphasen der Umgebungssprache schneller vollzogen werden, während die andere Sprache, hier die Vatersprache Russisch, in der Entwicklung nachfolgt (vgl. Kapitel 2.7.1).

Im Alter von etwa drei Jahren hielt sich die Informantin mit ihrem Vater einige Monate in Weißrussland bei ihren Verwandten auf. In dieser Zeit übte das alleinige Vorhandensein der russischen Sprache einen solchen Einfluss auf sie aus, dass sie auch nach der Rückkehr nach Deutschland zunächst nur auf Russisch kommunizierte und erst nach einiger Zeit, nachdem ihre Mutter mit ihr konsequent Deutsch sprach, um die deutsche Sprache bei ihrer Tochter zu reaktivieren, auch wieder Deutsch sprach.

Sie gibt zu, dass sie bis in die Oberstufe hinein von der russischen Grammatik und Orthographie keine strukturierten Kenntnisse besaß, da sie Russisch nie systematisch und nur vom Hören und Sprechen gelernt hatte. Hier bestätigt sich ebenso Triarchi-Herrmanns Hinweis, dass der alleinige natürliche Zweitsprachenerwerb das Risiko in sich birgt, dass sich das Erlernen der Zweitsprache nur

---

[244] Es lässt sich eindeutig feststellen, dass Weißrussland ehemals die am deutlichsten russifizierte Sowjetrepublik darstellte. Obwohl Russisch und Weißrussisch als Amtssprachen gelten, ist Russisch auch heute die vorherrschende Sprache im Land, vor allem in den Großstädten. In der Hauptstadt Minsk spricht etwa 1 % der Bevölkerung Weißrussisch bewusst im Alltag, dazu gehören v. a. Wissenschaftler wie Historiker, einige Kulturschaffende wie Journalisten und Anhänger der nationalbewussten politischen Opposition. V. a. in ländlichen Gegenden spricht die ältere Generation z. T. eine Mischung aus Russisch und Weißrussisch. Heute gehören sowohl Weißrussisch als auch Russisch zu den Pflichtfächern in der Schule, teilweise wird der gesamte Unterricht in Weißrussisch abgehalten. Vgl. auch Knubben/Kreck/Werner, S. 123-132.

an der gesprochenen Varietät orientiert und der Erwerb der Schriftsprache vernachlässigt wird, wogegen es von vornherein vorzubeugen gilt (vgl. Kapitel 2.5.2). Aus diesem Grund beschloss sie, in der 11. und 12. Klasse Russisch als Schulfach zu belegen, um dies nachzuholen und ihre Wissenslücken zu schließen. Die Informantin erzählt, dass sie auch noch als Abiturientin im Russischen den Sprachstand eines Kindes hatte: Das Russisch, das sie bereits im Kindesalter erworben hatte, hatte sich nicht weiterentwickelt. Als sie nach dem Abitur ein Jahr in Minsk, der Heimatstadt ihres Vaters, lebte, baute sie ihre Russischfähigkeiten aus. Der Wechsel der Umgebungssprache von Deutsch zu Russisch wirkte sich sehr positiv auf ihr Sprachverhalten im Russischen aus. Hier erst lernte sie wirklich Russisch schreiben, entwickelte ein gewisses, wenn auch „rudimentäres"[245], grammatisches Verständnis und erkannte die „Logik" innerhalb der Sprache. Durch diesen Aufenthalt in Minsk rückte ihr das Russische somit näher ins Bewusstsein, auch im Sinne des Kulturellen, hier wurde ihr das Russische als Teil ihrer Identität bewusst.[246] Zuvor sei für sie die Tatsache, Russisch sprechen zu können, einfach eine Fähigkeit gewesen, die die Eltern von ihr forderten.

Doch auch jetzt noch schätzt sie ihre Kompetenzen bezüglich des Russischen im mündlichen Bereich (Verstehen und Sprechen) höher ein als im schriftlichen Bereich (Lesen und Schreiben), während sie im Deutschen auf jeder Ebene über die Kompetenzen monolingualer Deutscher mit höherer Bildung verfügt.

Heute unterhält sie sich mit ihrem Vater ausschließlich auf Russisch, und wenn die Familie zusammenkommt, dann ist Russisch die vorherrschende Kommunikationssprache – hier fand im Laufe der Jahre eine Schwerpunktverlagerung von einer gleichmäßig gemischten Sprache hin zum Russischen statt, auch wenn die Mischform nicht völlig verdrängt wurde. Die Informantin betont, dass Russisch ihre „emotionalere Sprache" sei. Aufgrund des schönen Klanges sei ihr das Hören der russischen Sprache angenehmer als das Hören des Deutschen. Was das Sprechen angeht, so bestimme der Kontext, in welcher Sprache sie lieber spricht.

Im Großen und Ganzen ist die Informantin in der Lage, Code-switching und Interferenzen zu vermeiden, nur wenn es um Redewendungen geht, fühle sie sich oft außerstande, ein entsprechendes Äquivalent in der jeweiligen Sprache zu finden. Dies betreffe sowohl Russisch als auch Deutsch: Wenn momentan

---

[245] Mit Anführungszeichen gekennzeichnete Begriffe und Phrasen geben die wörtlichen Aussagen der Informanten wieder, festgehalten auf Kassettenmitschnitten. Russische Wörter und Phrasen werden hier in der deutschen Übersetzung wiedergegeben.

[246] Auf die Frage, ob der nichtdeutsche Anteil ihrer Identität weißrussisch oder eher russisch sei, antwortet KG, dass sie mit dem Weißrussischen eher eine politische als eine kulturelle und gesellschaftliche Zuordnung verbindet und ihr Selbstverständnis globaler aufzufassen sei und mehr zu deutsch-russisch als zu deutsch-weißrussisch tendiert. Zur außerordentlichen Russifizierung der ehemaligen Sowjetrepublik Belarus, die sich nicht nur in der Sprache, sondern auch im kulturellen Selbstverständnis u. ä. niederschlägt, siehe Anm. 244.

Deutsch die aktive Sprache ist, möchte sie manchmal eine russische Redewendung einfließen lassen, deren Übersetzung ins Deutsche sich schwierig gestaltet; andersherum ist dies auch der Fall. Ebenso in rechtlich-administrativen Fragen fühle sie sich außerstande, konsequent in der jeweils aktiven Sprache zu bleiben. Während ihrer beruflichen Tätigkeit als Sozialpädagogin im Jugendmigrationsdienst, bei der ihr ihre Zweisprachigkeit zugute kommt, da sie sich unter anderem um junge Russlanddeutsche kümmert, bleibe es nicht aus, dass sie im Laufe von russischsprachigen Gesprächen auf deutsche Begriffe wie *Arbeitsamt* zurückgreift. Andersherum treten in deutschsprachigen Unterhaltungen mit Deutschen, welche in den GUS-Staaten unterwegs sind oder waren, russische Begriffe wie zum Beispiel *ОВИР*[247] auf.

KG steht ihrer Zweisprachigkeit sehr positiv gegenüber und empfindet diese eindeutig als Bereicherung, nicht zuletzt auch, weil sie im Berufsleben davon profitiert beziehungsweise ihre Zweisprachigkeit sie für diese Arbeit geradezu prädestiniert. Dies bezieht sich nicht nur auf die sprachliche, sondern auch auf die gesellschaftliche Ebene. Ihre Vertrautheit mit der (weiß-)russischen Kultur und Gesellschaft ermöglicht ihr, sich in ihre Klienten hineinzuversetzen und eine Vorstellung von deren gesellschaftlichen und sozialen Hintergründen zu gewinnen.

Zudem gibt sie an, dass ihr generell das Erlernen von Fremdsprachen wie Englisch und Französisch in der Schule recht leicht fiel, was sie auf ihre Zweisprachigkeit zurückführt. Sie kann sich sowohl in Russisch als auch in Deutsch und somit auch in diesen „soziokulturell sehr unterschiedlichen Räumen" frei bewegen und fühlt sich trotz ihrer weitgehend deutschen Sozialisation in beiden Sprachen und in beiden Kulturen zu Hause. Sie nimmt sich sowohl als Deutsche als auch als (Weiß-)Russin wahr, zumindest auf der politischen Ebene. Ihr bikulturelles Selbstverständnis im Hinblick auf ihren nichtdeutschen Anteil bezieht sich eher auf das Russische denn auf das Weißrussische.[248] Demnach fühlt sie sich sprachlich und kulturell sowohl dem Deutschen als auch dem Russischen verbunden, da sie sich nicht nur einer Gesellschaft und einer Kultur zuordnen kann. Daher bezeichnet sie sich selbst nicht nur als bilingual, sondern auch bewusst als bikulturell.

Das Russische prägt KG nicht nur sprachlich, sondern ebenso in ihren künstlerischen Neigungen und Vorzügen. So spielen russischsprachige Musik und Literatur in ihrem Leben durchaus eine Rolle. Sie bedauert sehr, dass ihr Freundeskreis fast ausschließlich deutschsprachig ist und sie somit außer in der Familie und bei der Arbeit niemanden hat, mit dem sie russisch sprechen kann. Sollte sie

---

[247] *ОВИР* (*Отдел виз и регистраций иностранных граждан*, dt. *Abteilung für Visa und Registrierungen ausländischer Bürger*). Als Ausländer muss man sich in den meisten GUS-Staaten dort für die Dauer des Aufenthalts registrieren lassen.
[248] Siehe Anm. 246.

einmal Kinder haben, sagt sie, so will sie sich darum bemühen, dass diese ebenfalls zweisprachig aufwachsen, und dabei für den russischen Teil sorgen, da sie ihre weißrussischen Wurzeln als Teil ihrer Familie und der eigenen Identität empfindet, die sie unbedingt erhalten und weitergeben möchte.

Die Informantin NM (Kass. 1a, b)
Die Informantin NM lebt seit 33 Jahren in Deutschland. Sie wurde 1948 in der Jakutischen Autonomen Republik (Sibirien), demnach auf russischem Territorium, geboren. Als sie noch ein Kleinkind war, übersiedelte ihre Familie in die ukrainische Stadt Krivoj Rog, wo sie bis zu ihrer Ausreise nach Deutschland im Alter von 25 Jahren lebte. Ihre Vorfahren gehören vorwiegend der russischen Nationalität an, und die Sprache innerhalb ihrer Herkunftsfamilie war immer Russisch, so dass sie Russisch als ihre Erstsprache angibt. Als einstige Zweitsprache bezeichnet sie Ukrainisch, da zwar in der Schule primär Russisch, aber im Alltagsleben auf der Straße immer Ukrainisch gesprochen wurde.[249] Bis zum Alter von 18 Jahren sprach sie reines Russisch und reines Ukrainisch, demnach lag keine Sprachmischung vor. Mit dem Studienbeginn in Kiew jedoch änderte sich dies unter dem Einfluss der Kommilitonen, welche aus dem ganzen Land kamen, dahingehend, dass sie von nun an eine Mischung aus Russisch und Ukrainisch sprach, obwohl das Russische in der Hauptstadt ein höheres Prestige hatte als das Ukrainische, welches als die Sprache der Provinzler galt. Interferenzen vor allem lexikalischer Art kennzeichneten in dieser Zeit ihre Sprache.
Nach Beendigung des Studiums und Heirat mit einem deutschen Kommilitonen übersiedelte sie 1973 in die DDR. Während sie und ihr Mann in Kiew miteinander immer Russisch gesprochen hatten, stellten sie hier ihre Kommunikationssprache auf Deutsch um. Zu diesem Zeitpunkt fand der Wechsel ihrer Zweitsprache von Ukrainisch zu Deutsch statt, seither spielt das Ukrainische eine sehr untergeordnete Rolle in ihrem Leben. Sie verstehe es problemlos, könne es auch lesen, aber um ohne größere Schwierigkeiten ukrainisch sprechen zu können, müsste sie erst wieder eine Weile in ukrainischsprachiger Umgebung leben und das Ukrainische reaktivieren.
Obwohl sie die deutsche Sprache nie systematisch lernte, weder durch Unterricht noch autodidaktisch durch systematisches Selbststudium, eignete sie sich diese im Laufe der Jahre auf hohem Niveau an. Die Informantin betont sogar, froh zu sein, in der Schule Englisch und nicht Deutsch gelernt zu haben, denn sonst hätte sie die deutsche Sprache „mit all den Fehlern und dieser Aussprache

---

[249] Der westliche Teil der Ukraine ist vorwiegend ukrainischsprachig, während im östlichen, an Russland angrenzenden Teil hauptsächlich Russisch die Alltagssprache darstellt. Der vorwiegend russischsprachige Bereich der Ukraine beansprucht ein größeres Territorium als der ukrainischsprachige Teil; die Sprachgrenze verläuft durch die Hauptstadt Kiew.

von Leuten", die diese Sprache nie selbst im Original gehört hätten, erworben.[250] Seit 33 Jahren ist Deutsch sowohl ihre Familien- als auch Umgebungssprache, und auch ihr Freundes- und Bekanntenkreis ist fast ausschließlich deutschsprachig, so dass sie heute Deutsch gar als ihre stärkere Sprache bezeichnet, weil es seit Jahrzehnten ihre aktiv gebrauchte Sprache ist. Allerdings ergab sich im Laufe des Gesprächs, dass sie Russisch deshalb nicht zwangsläufig als ihre schwächere Sprache bezeichnen würde, weil sie diese Einteilung von verschiedenen Kriterien abhängig macht.

Auf der rezeptiven Ebene (Verstehen und Lesen) verfügt NM im Deutschen annähernd über die Kompetenz eines Muttersprachlers, im produktiven Bereich (Sprechen und Schreiben) zeigen sich jedoch ihre grammatikalischen Lücken. Was ihre Phonetik betrifft, so spricht sie Deutsch mit einem unbestimmten Akzent. Ihre Aussprache lässt zwar erkennen, dass Deutsch nicht ihrer Erstsprache entspricht, jedoch nicht eindeutig darauf schließen, dass die Informantin russischsprachig sozialisiert ist. Dagegen ist ihr jetziges Russisch nicht nur von einem ukrainischen Akzent geprägt (das Phonem /r/ wird oft nicht als [g] realisiert, sondern gehaucht, was man sich lautlich zwischen dem deutschen Laut h und dem Ach-Laut vorstellen kann), sondern auch von einem leichten deutschen Akzent, somit lassen sich phonologische Interferenzen von ihrer jetzigen Umgebungs- und Familiensprache Deutsch auf ihre Erstsprache Russisch feststellen. Dies bestätigt die These von Triarchi-Herrmann, dass meistens die schwächere Sprache von der dominanten Sprache beeinflusst wird (vgl. Kapitel 2.8.2) und dies, wie der Fall zeigt, nicht nur bei Zweisprachigkeitserwerb im Kindesalter, sondern auch bei dem Erwerb von Zweisprachigkeit im Erwachsenenalter, wobei ich an dieser Stelle betonen möchte, dass ich Deutsch als ihre dominante, weil in der Umgebung und im Gebrauch vorherrschende, Sprache bezeichne, dies hier aber nicht mit starker Sprache gleichsetze, zudem der Informantin selbst, wie bereits erwähnt, die Zuordnung ihrer beiden Sprachen zu starker und schwacher Sprache schwer fällt.

Bezüglich der lexikalischen Ebene sagt NM, dass es ihr leichter falle, sich auf Deutsch auszudrücken als auf Russisch, weil sie schon „seit 33 Jahren das Russische nicht [das heißt, sehr selten, B. P.] benutzt." Dennoch mache sie ständig Fehler im Deutschen, diese fallen ihr in der Regel auch selber auf, und sie wisse diese auch zu berichtigen. Russisch schreibe und spreche sie fehlerfrei,

---

[250] Der schulische Fremdsprachenunterricht in der Sowjetunion wird von Betroffenen i. d. R. als mangelhaft beschrieben. Zum einen war man als Schüler nicht motiviert, Fremdsprachen zu lernen, da die Aussicht, eines Tages das Land besuchen zu können, dessen Sprache man lernt, sehr gering war und man im eigenen riesigen Land Sowjetunion mit Russisch problemlos zurecht kam, zum anderen waren die Fremdsprachenlehrer selbst oft unzureichend und fehlerhaft ausgebildet, da auch diese selbst kaum die Gelegenheit hatten, ins Ausland zu fahren und sich in der Umgebung aufzuhalten, deren Sprache sie lehrten.

und aus diesem Grund sehe sie sich nicht in der Lage, ihre beiden Sprachen in stark und schwach zu unterteilen. In der deutschen Sprache könne sie sich problemlos zu jedem Lebensbereich ausdrücken, habe hier aber grammatikalische Schwächen. Dagegen beherrsche sie die russische Grammatik sehr sicher, habe aber lexikalischen Aufholbedarf, da sie seit Jahrzehnten isoliert von der Entwicklung der russischen Sprache lebt. Dies wurde ihr in jüngster Zeit wieder bewusst, als sie sich für ein paar Tage in ihrer alten ukrainischen Heimat aufhielt. Ihr fiel auf, dass sie sehr viele neue Begriffe nicht versteht.

Was ihre Sprachvorlieben betrifft, so sagt sie ohne zu zögern, dass sie lieber Deutsch als Russisch spreche, was damit im Zusammenhang stehen mag, dass sie sich meistens schneller und genauer auf Deutsch ausdrücken könne. Bezüglich des Hörens beider Sprachen gibt sie eine differenzierte Antwort und bezieht sich nicht nur auf den Klang oder die Melodie der Sprache. Sowohl Deutsch als auch Russisch höre sie zwar gern, aber wenn sie sich an den alltäglichen Umgang der Menschen untereinander in der ukrainischen Öffentlichkeit erinnere, so stelle sie fest, dass, von Ausnahmen abgesehen, die Menschen in Deutschland miteinander höflicher und „kulturvoller" umgehen. In ihrer Heimat hingegen sei ein schroffer Ton unter Menschen, die nicht miteinander bekannt sind, üblich. Dies erlebe man zum Beispiel bei Verkäuferinnen und dem Personal öffentlicher Toiletten.[251] Dieser harsche Umgangston zeuge von einer gewissen Kulturlosigkeit der ukrainischen Gesellschaft. Die Informantin betont, sehr froh darüber zu sein, dass die Menschen in Deutschland in öffentlicher Umgebung in der Regel einander mit mehr Respekt und Achtung begegnen.

Die Frage, zu welcher Nationalität sie sich am ehesten zugehörig fühlt, fällt ihr schwer zu beantworten. NM scheint nicht in dieser Kategorie zu denken und sich über ein multikulturelles, kosmopolitisches Selbstverständnis zu identifizieren. Somit ist ihr zwar ihre ukrainisch-russische Herkunft sehr wohl bewusst, aber sie fühlt sich in Deutschland zu Hause, wo sie sich zudem als Ausländerin niemals angegriffen oder diskriminiert gefühlt hätte.

Die Zweisprachigkeit ermöglichte der Informantin, die nie in dem Beruf arbeitete, für welchen sie ein Studium absolviert hatte, dennoch eine berufliche Beschäftigung. So arbeitete sie über lange Jahre als freischaffende Übersetzerin vor allem technischer Texte, bei der ihr wiederum ihr Ingenieurstudium zugute kam, und als Russischlehrerin an der Schule. Ihre eigene Zweisprachigkeit empfindet

---

[251] Diese vermeintliche Unfreundlichkeit im Umgangston in der Öffentlichkeit lässt sich nicht nur in der Ukraine, sondern nach meinen Erfahrungen ebenso in Russland, Weißrussland oder Kasachstan beobachten und zeugt demnach nicht von der „Kulturlosigkeit" speziell der ukrainischen Gesellschaft, sondern scheint aufgrund der ähnlichen Lebensbedingungen auch heute noch in vielen ehemaligen Sowjetrepubliken verbreitet zu sein. Mir gegenüber betonen Freunde und Bekannte aus den GUS-Staaten immer wieder, wie sehr sie den „kulturvollen" Umgang der Menschen miteinander in Deutschland schätzen.

sie eindeutig als Bereicherung, auf die sie rückblickend nicht verzichten möchte, und gerne hätte sie ihre russische Sprache an ihre Kinder weitergegeben. Doch trotz der binationalen Partnerschaft gelang es ihr und ihrem Mann nicht, ihre drei Kinder zweisprachig zu erziehen. Triarchi-Herrmanns Empfehlung, das „Eine Person – eine Sache"-Prinzip einzuhalten, um so den bilingualen Erstspracherwerb zu gewährleisten, scheiterte in dieser Familie an den hohen Barrieren des Konsequentseins (vgl. Kapitel 2.7.1). Die Informantin erzählt, dass es damals – Mitte der 1970er Jahre – hieß, mit der zweisprachigen Erziehung solle man frühestens nach Vollendung des dritten Lebensjahres beginnen. Als sie nun anfing, mit ihrem damals dreijährigen Sohn Russisch zu sprechen, verweigerte sich dieser zum einen teilweise, zum anderen wollte sie ihn nicht zwingen, in Gegenwart anderer Kinder aus dem Kindergarten mit ihr Russisch zu sprechen und kommunizierte in solchen Situationen auch selbst nicht mit ihm auf Russisch. Sie wollte ihn vor den anderen Kindern nicht bloßstellen. An dieser Stelle wird deutlich, dass in ihrem Empfinden die russische Sprache in Deutschland ein wesentlich geringeres Prestige besaß als die deutsche. Dieses Empfinden übertrug sich entsprechend auch auf die Wahrnehmung der Kinder. Hier bestätigt sich wiederum zum einen die These Triarchi-Herrmanns, dass sich in der zweisprachigen Erziehung meistens die Umgebungssprache als die dominante Sprache durchsetzt, wie es bei den Kindern von NM der Fall war, und zum anderen, dass sich das Prestige einer Sprache, welches das Kind vermittelt bekommt, auf dessen Sprachlernverhalten auswirkt (vgl. Kapitel 2.6.1 und 2.6.4). Dies bedeutet möglicherweise, dass, hätten sich NM und ihr Mann darauf geeinigt, Russisch und nicht Deutsch als Familiensprache zu sprechen, das Russische in der Familie ein höheres Prestige erlangt und dies dazu geführt hätte, dass sich die Kinder bilingual entwickelt hätten. Immerhin konnte die Informantin durchsetzen, dass auf Reisen in die Ukraine mit der Familie ebenfalls die Kinder ausschließlich Russisch sprachen. Dieser Einfluss erwies sich jedoch als zu gering, als dass die Kinder langfristig Russisch gesprochen hätten. Letztlich verhält es sich heute so, dass die Kinder Deutsch als Erstsprache beherrschen und Russisch zwar verstehen, jedoch nicht aktiv gebrauchen und sprechen. Vor kurzem musste NM sich von ihrer jüngsten Tochter die Frage gefallen lassen, warum sie denn mit den Kindern nicht Russisch gesprochen habe, was sie nur damit beantworten konnte, dass sie, die Kinder, dies selbst nicht gewollt und sich verweigert hätten, was diese jetzt, da sie erwachsen sind, bedauern. Nun startet NM einen neuen Versuch der bilingualen Erziehung: Mit ihrer zweijährigen Enkeltochter, die sie häufig betreut, spricht sie ausschließlich und konsequent Russisch, auch wenn sich diese bisher selbst noch nicht auf Russisch artikulieren kann.

Der Informant AK (Kass. 2a, b)
Der Informant AK lebt seit fünf Jahren in Deutschland, um sein Dissertationsvorhaben auf dem Gebiet der Philosophie zu verwirklichen. Er wurde 1974 im europäischen Teil Russlands geboren, und da sein Vater beim Militär arbeitete, prägten einige Umzüge quer durch die Sowjetunion seine Kindheit, bis er im Alter von zehn Jahren mit seiner Familie in den russischsprachigen Teil der Ukraine übersiedelte, wo er bis zu seiner Einreise in die BRD lebte.
Da der Informant aus einer russischen Familie stammt, wurde in der Familie Russisch gesprochen, welches auch der Erstsprache des Informanten entspricht und zudem seine Umgebungssprache in der Ukraine darstellte. So bezeichnet er Russisch als seine starke Sprache. Was die Rolle des Ukrainischen betrifft, so sei er ohne Schwierigkeiten in der Lage, es zu verstehen, jedoch spreche er es bei weitem nicht so gut wie Russisch, da er im Alltag mit dem Ukrainischen nie in Berührung kam. Er lernte die ukrainische Sprache zwar in der Schule als Zweitsprache, jedoch erhielt er als Kind eines beim sowjetischen Militär angestellten Vaters keine Noten, da nie abzusehen war, wann ein weiterer plötzlicher Umzug innerhalb der Sowjetrepubliken vonnöten sein würde. Solche Kinder waren in der Sowjetunion offensichtlich grundsätzlich von der Notengebung in den jeweiligen Zweitsprachen befreit. Während seines Universitätsstudiums wurde er zwar erneut mit der ukrainischen Sprache als Pflichtfach und teilweise als Unterrichtssprache konfrontiert[252], im Alltag und auf der Straße spielte das Ukrainische für ihn jedoch keine Rolle, so dass im Fall des Informanten bezüglich des Ukrainischerwerbs von einem ausschließlich gesteuerten Zweitspracherwerb auszugehen ist.
Deutsch lernte der Informant bereits sechs Jahre in der Schule, bevor er in seiner ukrainischen Heimatstadt ein fünfjähriges Deutschstudium im Lehramtsstudiengang absolvierte. Anschließend unterrichtete er selbst zwei Jahre lang Deutsch an der Universität. Für seine sprachliche Situation bedeutet dies, dass er bei seiner Einreise nach Deutschland bereits über sehr gute Deutschkenntnisse verfügte. AK betont, dass sein derzeitiger Aufenthalt in Deutschland und demzufolge der Wechsel seiner Umgebungssprache von Russisch zu Deutsch sich auf seine mündliche Sprechweise positiv auswirke, seine Grammatikkenntnisse jedoch darunter leiden. Während seiner Arbeit als Deutschdozent achtete er mehr auf grammatikalische Korrektheit als jetzt. Deutsch ordnet er zudem als seine schwache Sprache ein, obwohl er durchaus auch oft in Deutsch denke, beson-

---

[252] Der Informant berichtet, dass im Zuge der Perestroika und der Unabhängigkeit der Ukraine 1992 ein Gesetz über die ukrainische Sprache erlassen wurde, das u. a. zur Folge hatte, dass diejenigen Universitätsdozenten etwa 10-20 % mehr Gehalt bekommen sollten, die ihren Unterricht auf Ukrainisch durchführten. Allerdings betraf dies den Informanten persönlich nicht vor dem Hintergrund, dass er Fremdsprachen, Deutsch und Englisch, studierte, und der Unterricht ohnehin auf Deutsch bzw. Englisch abgehalten wurde.

ders, wenn es um seine (deutschsprachige) Dissertation geht. Was seine Kompetenzstufen im Deutschen betrifft, so wird auch in diesem Fallbeispiel die Unterscheidung zwischen produktiver (Sprechen, Schreiben) und rezeptiver Ebene (Verstehen, Lesen) deutlich. Die Fähigkeiten im Lesen und Verstehen stuft er höher ein als im Sprechen und Schreiben, wobei aus der Perspektive eines objektiven Betrachters zu bemerken ist, dass im Sprechen deutliche phonologische Interferenzen der Erstsprache Russisch vorliegen: Der Informant verfügt im Deutschen über einen starken Akzent, welcher trotz seines inzwischen mehrere Jahre andauernden Aufenthalts in Deutschland vorhanden ist und auf einen russischsprachigen Hintergrund schließen lässt. In Bezug auf die Schriftsprache lässt sich jedoch festhalten, dass AK auch im Deutschen über eine sehr hohe Schriftkompetenz einschließlich Stilsicherheit und sowohl grammatikalische als auch orthographische Korrektheit verfügt.[253]

Auch die Sprache dieses Informanten ist nicht rein, jedoch bemüht er sich um reines Sprechen, also um eine Sprechweise ohne Code-switching und lexikalische Interferenzen, wenn der Gesprächspartner nur die momentan verwendete Sprache versteht. In deutsch- oder russischsprachigen Gesprächen kenne er zwar das Problem, dass er auf bestimmte Ausdrücke nicht zugreifen kann, doch versuche er dies zu lösen, indem er nach Synonymen sucht oder auf improvisorische Umschreibungen ausweicht. Bei russisch-deutschsprachigen Gesprächspartnern hingegen baut er stellenweise deutsche Begriffe, welche das deutsche Alltagsleben charakterisieren, wie *Termin* oder deutsche Realienbezeichnungen wie *Kühlschrank* in russische Sätze ein, weil es für ersteres kein annähernd entsprechendes Äquivalent gibt und im letzten Fall vorübergehend nicht auf den russischen Begriff zugegriffen werden kann und es der einfachste Weg ist, den jeweiligen deutschen Begriff zu gebrauchen. Bezüglich der Gesprächsanteile der beiden Sprachen ergibt sich für den Informanten, dass er beruflich und in Alltagssituationen mehr mit der deutschen Sprache konfrontiert wird, aber zu Hause mit seiner Freundin und im Freundeskreis eher russisch spricht, so dass er sagen kann, dass er beide Sprachen gleich oft spricht. AK fühlt sich trotz seines bereits fünf Jahre andauernden Aufenthalts in deutschsprachiger Umgebung im Hinblick auf Verstehen, Sprechen, Lesen und Schreiben in der russischen Sprache vollständig kompetent, gibt aber zu, dass er bei Reisen in die Ukraine Lücken bezüglich des Wortschatzes feststellt, insbesondere hinsichtlich Slang und Jargon.

Die Frage nach seiner kulturellen Identität beantwortet er dahingehend, dass er sich als Europäer wahrnimmt. Ihm sind seine russischen Wurzeln durchaus bewusst, dennoch kann und will er nicht von sich behaupten, sich ausschließlich zur russischen Kultur zugehörig zu fühlen. In den Jahren seines Lebens in

---

[253] Da ich über einen längeren Zeitraum Teile der Dissertation des Informanten redigierte, glaube ich, mir ein Urteil über dessen Schriftkompetenz im Deutschen erlauben zu können.

Deutschland habe er auch deutsche Eigenheiten und Züge angenommen. Er ist der Meinung, dass man in Zeiten der Globalisierung die Zuordnung zu kulturellen und nationalen Identitäten überwinden müsse, aus diesem Grunde sei er überzeugter Europäer.

Seine Zweisprachigkeit bezeichnet AK als „hundertprozentige Bereicherung", da auch für ihn feststeht, dass vor allem Sprache über das Potential verfügt, Kultur zu vermitteln. Für ihn bedeutet dies, dass ihn seine Deutschkenntnisse dazu befähigen, mit der hiesigen Kultur und Gesellschaft in Kontakt zu treten und diese kennen zu lernen. Wenn er Einfluss auf die Zweisprachigkeit seiner künftigen Kinder nehmen könnte, so würde er dies unterstützen, um auch ihnen diese Bereicherung zukommen zu lassen.

Der derzeitige Aufenthalt des Informanten in Deutschland ist für eine befristete Dauer vorgesehen. Aufgrund der Situation am deutschen Arbeitsmarkt, der sich auch für promovierte und gar habilitierte Akademiker zum Teil derzeit nicht sonderlich positiv gestaltet, zieht AK für seine Zukunft durchaus eine Rückkehr in die Ukraine in Betracht. Dort könnte er zunächst wieder an seiner Heimatuniversität arbeiten und Deutsch unterrichten, langfristig gesehen hat er allerdings Ambitionen, eine Stelle an einer philosophischen Fakultät einer Kiewer Universität zu besetzen.

Die Informantin OB (Kass. 3a, b)

Die Informantin OB stammt aus Russland und kam vor fünfeinhalb Jahren als Spätaussiedlerin mit ihrer Familie nach Deutschland. Sie wurde 1975 in Omsk, Westsibirien, geboren und lebte dort bis zu ihrer Ausreise in die BRD. Die Angehörigkeit zur russlanddeutschen Volksgruppe stammt von ihrer Familie mütterlicherseits. Ihr Vater ist Weißrusse.

Da ihre Mutter bis zum achten Lebensjahr in einem deutschen Dorf, demzufolge in einer deutschen Sprachinsel, in Westsibirien aufwuchs, erwarb diese die deutsche Sprache als Erstsprache. Nach der Vertreibung ihrer Familie in ein russisches Dorf lernte sie Russisch in der Schule, welches somit zur Zweitsprache der Mutter der Informantin wurde. Das Schicksal der Familie ihrer Mutter ist ein Beispiel von vielen, welches zeigt, wie die russlanddeutsche Bevölkerung vor allem nach dem Zweiten Weltkrieg diskriminiert wurde. So erfuhr die Informantin selbst erst im Alter von etwa zwölf Jahren, dass sie mütterlicherseits deutsche Wurzeln besitzt. Bis zu diesem Zeitpunkt war ihr dies von ihren Eltern und Großeltern mütterlicherseits verheimlicht worden, um sie zu schützen und vor Diskriminierung zu bewahren. Ebenso vor der Familie des weißrussischen Vaters wurde die deutsche Herkunft seiner Frau verborgen, da diese sonst niemals in die Heirat eingewilligt hätte beziehungsweise dies einen Bruch mit der weißrussischen Verwandtschaft bedeutet hätte. Das Dorf, in dem der Vater aufwuchs, war während des Zweiten Weltkrieges von den Deutschen okkupiert worden, so

dass die weißrussische Familie gegenüber den Deutschen Hass verspürte, der sich auch auf die unbeteiligte russlanddeutsche Bevölkerung bezog.[254]
Sie gibt an, dass ihr Vater als Erstsprache Weißrussisch gelernt hatte.[255] Im Alter von 16 Jahren jedoch kam er nach Sibirien und kehrte zeit seines Lebens nur zu Besuchen nach Weißrussland zurück. Seither hatte er nur noch vereinzelt Kontakt mit der weißrussischen Sprache und sprach überwiegend Russisch. In der Familie der Informantin wurde nur Russisch gesprochen, somit war in Omsk sowohl ihre Familien- als auch die Umgebungssprache Russisch, und sie bezeichnet Russisch eindeutig als ihre Erst- und Muttersprache. Deutsch lernte sie zunächst in der Schule. Zu diesem Zeitpunkt begann ihre Mutter, welche zudem Deutschlehrerin war,[256] mit ihr sporadisch auch Deutsch zu sprechen. Schließlich absolvierte sie in ihrer Heimatstadt Omsk ein Germanistikstudium, so dass OB bereits mit sehr guten Deutschkenntnissen nach Deutschland einreiste.
Hier änderte sich die Situation bezüglich ihrer Familien- und Umgebungssprache. Letztere ist nun Deutsch, und auch die Sprache innerhalb der Familie ist nicht mehr rein russisch und weist Tendenzen einer gemischten Sprache auf. Auch wenn die Grundsprache Russisch ist, so werden zum Beispiel Sachverhalte, die mit ihrem deutschen Alltag zusammenhängen, in Deutsch wiedergegeben. Sie gibt zu, dass es ihr schwer fällt, deutschsprachige Gespräche mit Kommilitonen auf Russisch nachzuerzählen, da es schneller und einfacher sei, die Unterhaltung in der Sprache wiederzugeben, in der sie geführt wurde. Dies verweist auf funktionales Code-switching. Auch lexikalische Interferenzen kommen regelmäßig vor. OB baut häufig Rückmeldepartikeln wie *ach so, doch*,[257] Substantive wie *Hochdeutsch, Umlaut, Fachtermini, Witze, Hausfrau, Russlanddeutsche, Spätaussiedler, Behörden*, Pronomen wie *beides*, Adjektive wie *klar, schön*, Phrasen wie *streng genommen, nicht besonders interessiert, kommt noch*

---

[254] Weißrussland befand sich zwischen 1941 und 1944 unter deutscher Besatzung. In dieser Zeit kamen dort 2.230.000 Menschen ums Leben – jeder vierte Einwohner. Statistisch betrachtet ist Weißrussland somit das Land, in dem die Wehrmacht und die SS am grausamsten wüteten. Davon zeugt auch die Tatsache, dass 186 weißrussische Dörfer zusammen mit ihren Bewohnern verbrannt wurden.
[255] Dies steht im Gegensatz zum weißrussischen Vater der Informantin KG, welcher Russisch als Erstsprache und Weißrussisch als Zweitsprache erlernte. Vermutlich ist dies darauf zurückzuführen, dass dieser in der Hauptstadt Minsk aufwuchs, in der Russisch ohnehin seit Jahrzehnten eine stärkere Verbreitung als Erstsprache fand, während der Vater von OB nicht in der Stadt, sondern in einer ländlichen Gegend groß wurde, in der die Russifizierung der belorussischen Sprache, Kultur und Gesellschaft später und langsamer einsetzte.
[256] Die Informantin berichtet, dass den Russlanddeutschen in Russland, wollten sie eine höhere Ausbildung erhalten, sogar noch in den 1970er Jahren als Studienfach nur das Fach Deutsch erlaubt wurde, d. h., ein anderes Fach durften sie nicht studieren, was wiederum auf die restriktive Minderheitenpolitik der Sowjetunion verweist.
[257] Auch Goldbach stellt eine relativ häufig zu beobachtende Verwendung der Antwortpartikel *doch* fest. Vgl. Goldbach, S. 60f.

ins Spiel, Pech gehabt und ähnliches in ihre russische Sprache ein, während es ihr auch schon passierte, dass sie, trotz des Bewusstseins, dass ihr ein rein deutschsprachiger Gesprächspartner gegenüber sitzt, russische Partikeln wie ведь (*ja, doch*), же (*aber, doch*) oder Phrasen wie так сказать (*sozusagen*) in deutsche Sätze integrierte. Die Informantin sagt, dass es ihr inzwischen schwer falle, reines Russisch zu sprechen, wenn sie dazu gezwungen sei, weil ihr Gesprächspartner kein Deutsch versteht. Wenn sie nach Russland fahre, brauche sie etwa eine Woche, um sich soweit umzustellen, dass sie Russisch sprechen könne, ohne auf deutsche Begriffe zurückgreifen zu müssen. Durch die Medien würden ihr dann wieder viele russische Begriffe ins Bewusstsein gerufen, die sie in Deutschland vergessen hatte, weil sie hier keine Rolle spielen.

In russischsprachigen Unterhaltungen mit ebenso russisch-deutsch Zweisprachigen fällt auf, mit welcher Leichtigkeit und Selbstverständlichkeit sie Codeswitching betreibt und lexikalische Interferenzen einfließen lässt, indem sie stellenweise deutsche Wörter gebraucht und diese sowohl phonologisch als auch morphosyntaktisch der russischen Grundstruktur anpasst, so zum Beispiel das Verb штудировать (*studieren*), welches es im Russischen nicht gibt und dort den Varianten учить что oder учиться чему entspricht, die jedoch im eigentlichen Sinne *lernen*, auch in der Schule, bedeuten. So bezeichnet das transferierte Verb штудировать, welches aus dem deutschen Wortstamm *studier-* und den russischen, ein Verb kennzeichnenden, Morphemen *-о-ва-ть* besteht, die Tätigkeit, die das deutsche Verb *studieren* beinhaltet, nämlich das Studium an einer Universität, Fachhochschule oder einer ähnlichen höheren Bildungseinrichtung.

Auch wenn ihr Bekanntenkreis vorwiegend deutsch- beziehungsweise ebenso zweisprachig russisch-deutsch ist, so spricht die Informantin in privater und familiärer Umgebung tendenziell mehr Russisch, so dass sie Russisch auch eindeutig als ihre starke Sprache und Deutsch als ihre schwache Sprache bezeichnet. Beim Schreiben in der russischen Sprache fallen ihr inzwischen Unsicherheiten in der Orthographie auf, so dass sie manche Wörter nachschlagen muss, was sie darauf zurückführt, dass sie mit dem Russischen seit ihrer Ausreise fast nur noch mündlich konfrontiert wird. Allerdings spreche und höre sie die russische Sprache etwas lieber als die deutsche, was damit zusammenhängen mag, dass sie mit der Sprache auch eine gewisse Sehnsucht nach ihrer Heimat Sibirien verknüpft. Zudem sagt sie, dass sie auf Russisch mehr von ihrer Persönlichkeit einzubringen vermag, hier könne sie scherzen, ironisieren, Wortspiele einfließen lassen, was ihr im Deutschen nicht so gut gelinge – nicht, weil ihr Wortschatz begrenzt sei, sondern weil sie hier nicht aufgewachsen sei (bei ihrer Einreise in die BRD war sie bereits 25 Jahre alt) und ihr für derartige Nuancen die deutsche Sozialisation fehle.

Auf die Frage, was für sie Heimat bedeutet, antwortet sie, dass ihre Heimat dort sei, wo ihre Familie ist, demzufolge ist Deutschland nun zwar ihre Heimat, und sie sei dankbar und froh, hier sein zu können, aber sie fühle sich hier fremd. Die Informantin musste während ihres Lebens in Deutschland einige Erfahrungen machen, die ihr ein Gefühl des Nichtwillkommenseins vermittelten. Während eines Deutschkurses in Hamburg kurz nach der Einreise wurde ihr die verachtende Haltung der Dozenten gegenüber den Teilnehmern bewusst: Ein Lehrer begrüßte diese mit den Worten: „Na, Zuspätaussiedler, wieder nichts gelernt." Ihr, die in diesem Anfängerkurs ohnehin unterfordert war, fiel das demütigende Wortspiel „Zuspätaussiedler" auf, während die anderen Teilnehmer noch nicht genügend Deutsch verstanden, um die Demütigung wahrzunehmen. Derartige Erfahrungen hinterließen nachhaltige Spuren in ihrer Psyche, so dass sie sich hier oft wie ein Mensch „zweiter Klasse" vorkomme. Häufig habe sie „Angst", etwas zu sagen, weil sie glaubt, dass ihre Sprache sie als Nichteinheimische verraten könnte. Aus diesem Grund fühle sie sich in Russland diesbezüglich freier und mehr zu Hause, weil dort um sie herum alle Russisch sprechen.

Ihre Kompetenzen im Deutschen sind sehr gut, auch wenn sie selbst Schwierigkeiten auf der produktiven Ebene, also im Schreiben und Sprechen, eingesteht, die, objektiv betrachtet, jedoch nicht von Belang sind. Sie spricht und schreibt fast akzent- und fehlerfrei, so dass manch einem nicht auffallen mag, dass Deutsch nicht ihrer Erstsprache entspricht. Manchmal vermisse sie im Deutschen bestimmte emotional gefärbte Wörter, die es im Russischen gibt, und manche deutsche Äquivalente von beschreibenden russischen Adjektiven seien ihr zu „trocken". In bestimmten Situationen gefalle ihr die deutsche Sprache mehr als die russische, weil zum Beispiel ein russisches Substantiv mehrere Bedeutungen im Deutschen hat und somit diese deutschen Entsprechungen über einen konkreteren Bedeutungsumfang verfügen. Die Informantin betont, dass sie die deutsche Sprache liebe, da sie sie für sehr logisch aufgebaut halte. Zudem gefalle ihr die Sprachökonomie des Deutschen sehr, wie sie beispielsweise in Komposita deutlich wird, deren Äquivalente im Russischen sehr umständlich wiederzugeben sind.

Im Hinblick auf ihr kulturelles Selbstverständnis sagt OB wie viele Russlanddeutsche von sich, dass sie sich weder russisch noch deutsch fühlt und sich eher als Russlanddeutsche wahrnimmt. Obwohl sie in Russland vertraut war mit einigen deutschen Traditionen, so ist sie verständlicherweise ebenso sowjetisch und russisch sozialisiert, was auch Eingang in die Kultur ihrer Familie fand. So erzählt sie, dass ihrer Familie ein traditionell russisches Begräbnis ihres Vaters, welcher Mitte der 1990er Jahre in Omsk verstarb, zwar fremd gewesen wäre, andererseits vermisse sie hier in Deutschland zum Beispiel die russisch-sowjetische Art des Silvesterfeierns.[258]

---

[258] Die Silvesternacht stellt auch heute noch für viele Menschen in der GUS den bedeutend-

OB empfindet, wie alle Informanten, ihre Zweisprachigkeit als Bereicherung, da sie ihr den Zugang nicht nur zur russlanddeutschen, sondern zudem sowohl zur russischen als auch zur deutschen Kultur ermöglicht. Ihre hohe Kompetenz in der deutschen Sprache befähigt sie zudem zu ihrem derzeitigen Lehramtsstudium in Deutsch und Kunst an einer deutschen Universität. Auch sie möchte mit ihrem ebenso russischsprachigen Mann ihre zukünftigen Kinder zweisprachig erziehen, wobei sie dann mit den Kindern auf Deutsch und ihr Mann auf Russisch kommunizieren möchte.

Die Informantin LK (Kass. 4a, b)
Die Informantin LK wurde 1982 in der ukrainischen Hauptstadt Kiew geboren und wuchs dort bis zu ihrem vierzehnten Lebensjahr auf. Seit 1995 lebt sie mit ihrer Mutter in Deutschland. Diese heiratete einen Deutschen, so dass die Informantin selbst über die Möglichkeit des Familiennachzugs in die BRD einreisen konnte.

Die Erstsprache von LK ist Russisch, da sie zwar aus einer teils ukrainischen, aber russischsprachigen Familie kommt. Ihr leiblicher Vater ist Russe und ihre Mutter ist Ukrainerin, die jedoch beide Russisch als Erstsprache sprechen. Was das Ukrainische betrifft, so lernte sie es in der russischen Schule[259] als Zweitsprache und musste sich damit gründlich auseinandersetzen, weil mit dem erwachenden ukrainischen Nationalbewusstsein nach der Unabhängigkeit 1991 solide Ukrainischkenntnisse eine Bedingung für einen guten Schulabschluss darstellten.

Ihre Schulzeit in der Ukraine fiel in die Zeit des politischen Umbruchs, welcher sich auch auf den schulischen Unterricht auswirkte: Wenn zunächst der gesamte Unterricht auf Russisch abgehalten wurde, so erlebte LK, wie die Unterrichtssprache mehr und mehr zum Ukrainischen überging. Naturwissenschaften wurden auf Russisch unterrichtet, „solche Fächer wie Geschichte, Sozialkunde schrittweise auf Ukrainisch". Als sie nach Beendigung der 7. Klasse nach

---

sten Feiertag im Jahr dar. Da es entsprechend der atheistischen Ideologie in der Sowjetunion nicht angemessen war, dass der wichtigste Feiertag im Jahr, Weihnachten, der christlichen Religion entspringt, verlegte man die Feierlichkeiten auf ein bzgl. der Religion neutrales Datum: auf den 31. Dezember. Die Menschen begehen das *Новый Год* (Neujahr) ausgelassen, treffen sich mit Freunden und feiern auf den Straßen. Symbole sind die *ёлка* (ein geschmückter Baum, ähnlich dem deutschen Weihnachtsbaum), *Дед Мороз* (Väterchen Frost) und seine Gehilfin *Снегурочка* (Schneemädchen). Auch heute noch, 15 Jahre nach dem Zerfall der Sowjetunion und somit des atheistischen Regimes, spielt Weihnachten im Vergleich zur Silvesternacht keine erkennbar große Rolle in der Gesellschaft und ist zumindest nicht mit dem deutschen Weihnachtsfest vergleichbar.

[259] Bereits damals bestand in der Ukraine die Möglichkeit, bspw. entweder eine ukrainische oder eine russische Schule zu besuchen. Ukrainisch bzw. russisch bezieht sich hier auf die Unterrichtssprache.

Deutschland ausreiste, fand bereits fast der gesamte Unterricht auf Ukrainisch statt.
In häuslicher Umgebung in der Ukraine spielte das Ukrainische keine Rolle, es wurde immer Russisch gesprochen, die russische Sprache war demnach sowohl ihre Familien- als auch vorherrschende Umgebungssprache. Zwar wurde und wird in Kiew nicht nur Russisch, sondern auch teilweise Ukrainisch gesprochen, und die Informantin war sowohl mit russisch- als auch mit ukrainischsprachigen Kindern befreundet, dennoch sagt sie, dass in Kiew überwiegend Russisch gesprochen wird. Sie berichtet, dass sie früher fast genauso gut Ukrainisch wie Russisch gesprochen habe, aber heute spreche sie, weil sie nun in Deutschland lebt, viel besser Deutsch als Ukrainisch und bezeichnet Deutsch aus diesem Grund ohne zu zögern als ihre Zweitsprache.
Die deutsche Sprache lernte sie erst als Jugendliche in natürlicher Umgebung in Deutschland, als sie zunächst eine Realschule besuchte. Sie nahm an keinem zusätzlichen Sprachkurs teil wie die Informantin GG, welche etwa im gleichen Alter nach Deutschland kam und sich somit in einer ähnlichen Situation wie LK befand. LK erzählt, dass in ihrem neuen Zuhause mit der Mutter und dem deutschen Stiefvater immer Deutsch gesprochen wurde, da ihre Mutter die deutsche Sprache aufgrund ihres Deutschstudiums an der Universität sehr gut beherrschte. Ihr Stiefvater half ihr zudem nachmittags bei den Hausaufgaben. „Im Prinzip hat dieser ganze Lernprozess [der deutschen Sprache, B. P.] in der Schule stattgefunden", sagt die Informantin, denn sie habe damals nicht die Zeit erübrigen können, noch zusätzlich intensiv durch gesteuerten Zweitspracherwerb, beispielsweise mittels Lehrbücher für Deutsch als Fremdsprache, Deutsch zu lernen. Dies bedeutet, dass allein der Wechsel der Familien- und Umgebungssprache von Russisch zu Deutsch ihr dazu verhalf, die deutsche Sprache sich so anzueignen, dass man ihr Sprachvermögen heute sowohl im mündlichen als auch im schriftlichen Bereich von dem eines deutschen Muttersprachlers nicht unterscheiden kann. Nicht zuletzt ihre hohe Sprachkompetenz im Deutschen befähigte sie schließlich zu einem guten Abitur am Gymnasium und zu einem erfolgreichen Jurastudium, das sie derzeit an einer deutschen Universität absolviert.
Heute spricht sie mit ihrer Mutter verstärkt wieder Russisch, mit ihrem Stiefvater weiterhin Deutsch, obwohl dieser zudem sowohl Russisch als auch Ukrainisch beherrscht. Auch LK hat, wie einige andere Informanten, Schwierigkeiten hinsichtlich der Einordnung ihrer beiden Sprachen Russisch und Deutsch in starke und schwache Sprache, da sie ihre Sprachkompetenzen in beiden Sprachen als ähnlich hoch wahrnimmt. „Das ist schwirig zu sagen […], das kommt immer darauf an", betont sie. Wenn sie sich länger in ihrer früheren Heimat Kiew aufhalte, so sei Russisch ihre starke Sprache, in Deutschland hingegen Deutsch. Auch bei dieser Informantin ist eine Zuordnung der beiden Sprachen zu verschiedenen Lebensbereichen festzustellen. So falle es ihr schwer, studien-

bezogene Sachverhalte auf Russisch darzulegen, sich zu politischen Themen zu äußern, sei für sie auf Deutsch ebenfalls bedeutend leichter. Weder in der einen noch in der anderen Sprache sei sie „perfekt", ihre Sprachfähigkeiten in den jeweiligen Sprachen würden einander ergänzen. Wie die anderen Migranten mit Erstsprache Russisch gibt auch diese Informantin an, dass sie inzwischen im Schreiben der russischen Sprache geringfügige Unsicherheiten bezüglich des Wortschatzes aufweise, im Deutschen könne sie sich „oft besser ausdrücken".
Die Gesprächsanteile im Alltag sind in beiden Sprachen etwa gleich. LK hat hierzulande sowohl russisch- als auch deutschsprachige Freunde, wovon der russischsprachige Freundeskreis als ebenso zweisprachig russisch-deutsch zu bezeichnen ist. Im Hinblick auf ihre Sprachvorlieben sagt die Informantin, dass sie sowohl Deutsch als auch Russisch gerne spreche und höre. Sie teile nicht die weit verbreitete Meinung, dass die deutsche Sprache „hart" sei, das finde sie überhaupt nicht, im Gegenteil, sie empfinde sie als „sehr graziös und sehr pointiert".
Wie die meisten Informanten wechselt auch LK häufig zwischen Russisch und Deutsch. Wie oben bereits angedeutet, schaltet sie zum Beispiel dann vom Russischen ins Deutsche um, wenn sie „etwas Fachliches beschreibt", über Politik oder das Studium spricht oder Inhalte von Nachrichten wiedergeben möchte. Sie erzählt, dass sie manchmal ein Gespräch auf Russisch beginne, aber merke, dass sie „viel zu viel Zeit brauch[e]", „um wirklich umzudenken" und die Unterhaltung konsequent auf Russisch durchzuhalten. Sie finde „dann nicht die richtigen Worte" und entschließe sich, „das jetzt auf Deutsch zu sagen", worüber sie sich anschließend oft „ärger[e]", weil sie sich im Grunde bemühen möchte, Sprachmischungen zu vermeiden. Andersherum habe sie selten das Gefühl, etwas im Deutschen nicht ausdrücken zu können und auf die russische Sprache ausweichen zu wollen, allerdings vermittle sie persönliche Emotionalitäten und Gefühlszustände lieber in Russisch, „in [ihrer] Sprache".[260]
Ihre kulturelle Identität kann auch LK nicht eindeutig definieren. Sie betont, dass „auf jeden Fall auch Deutschland [ihre] Heimat [sei]", da sie nun bereits fast ihr halbes Leben in Deutschland verbrachte, doch auch Kiew bezeichne sie als ihre „Heimat". Wenn sie sich jetzt für längere Zeit in Kiew aufhalte, vermisse sie Deutschland, trotzdem habe sie hier andererseits „immer wieder Sehnsucht nach der Ukraine", die sich vorrangig auf ihre ukrainische Familie, aber auch auf „das Leben dort" bezieht, hier insbesondere hinsichtlich emotionaler Aspekte wie die „berühmte Herzlichkeit", die ihr in Deutschland auch „fehl[e]",

---

[260] Dies erinnert an eine Informantin von Zemskaja, die als Tochter von Immigranten der ersten Einwanderungswelle in Berlin geboren wurde und in deren Familie immer Russisch gesprochen wurde: „Она сама так оценивает свою языковую компетенцию: русский мне ближе, а немецкий знаю лучше." („Sie selbst schätzt ihre Sprachkompetenz so ein: Russisch ist mir näher, aber Deutsch beherrsche ich besser.") Zemskaja, S. 99.

denn die Deutschen seien insgesamt eher „zurückhaltend" im Vergleich zur slawischen Mentalität. Bezüglich der ukrainischen Gesellschaftsstruktur zeigt sich die deutsche Sozialisation der Informantin zum Beispiel darin, dass sie über ein deutsches Rechtsverständnis verfügt und somit der ukrainischen Gesellschaft auch kritisch gegenübersteht.
Über ihr kulturelles Selbstverständnis denke sie häufig nach, sie möchte sich eigentlich „als Europäerin fühlen". Dies sei aber nicht so einfach, da sie ohnehin zwischen der ukrainischen und der russischen Nationalität stehe und sich auch hier nicht recht einzuordnen wisse. Allerdings spiele diese Frage weder für sie noch für ihre Familie eine große Rolle. Ihnen allen sei bewusst, dass sie Ukrainer sind, beziehen dies aber vor allem auf die politische Gegebenheit, „auf keinen Fall aber [seien sie] Russen". Trotz der deutschen Sozialisation im Jugendalter könne sie sich nicht mit der deutschen Kultur identifizieren, sie sei doch eher „slawisch", obwohl sie „sehr gern hier leb[e] und Deutschland lieb[e]". Aber sie könne nicht von sich behaupten, eine „Deutsche geworden" zu sein, obwohl sie „unbewusst oder bewusst" auch einiges von den Deutschen „übernommen" habe. Zusammenfassend lässt sich sagen, dass sich die Informantin sowohl in der Ukraine als auch in Deutschland zu Hause fühlt, und sie kann sich ihre Zukunft sowohl in Deutschland als auch in der Ukraine vorstellen.
Auch LK bejaht eindeutig ihre russisch-deutsche Zweisprachigkeit, obwohl ihr bewusst ist, dass ihre Erstsprache Russisch darunter leidet, weil sie die Entwicklungen und Veränderungen der russischen Sprache nicht mitverfolgen kann. In Kiew wurde sie gar darauf hingewiesen, dass sie inzwischen Russisch mit Akzent spreche, was sie jedoch nicht weiter betrübt, da sie dies als normale Erscheinung betrachtet, wenn man so lange im Ausland lebt. Auch sie möchte ihre Kinder gerne bilingual erziehen, da das Beherrschen mehrerer Sprachen „Einblicke in andere Kulturen eröffnet", die in ihrer Aktualität ohne Sprachkenntnisse vollständig zu durchdringen fast unmöglich ist, zumal das Beherrschen der jeweiligen Landessprache förderlich, sogar unabdingbar ist für eine gelungene soziale Integration in die jeweilige Gesellschaft. LK „würde alles tun", um die Zweisprachigkeit ihrer Kinder zu fördern, und sie kann sich gut vorstellen, dass sie mit ihren Kindern später einmal Deutsch spricht.

Die Informantin GG (Kass. 5a, b)
Die Informantin GG ist 1983 in der asiatischen Sowjetrepublik Usbekistan geboren und aufgewachsen. Aufgrund der deutschen Abstammung ihres Vaters kam sie mit ihrer Familie vor neun Jahren als Spätaussiedlerin in die BRD. Die Familie des Vaters war während des Bürgerkriegs in Russland Anfang der 1920er Jahre aus der deutschen Wolgarepublik nach Usbekistan emigriert, um der Hungersnot zu entgehen. Zu Sowjetzeiten galt Usbekistan als multinationaler Staat, in dem Usbeken, Tadschiken, Tataren, Armenier, Deutschstämmige und nicht

zuletzt Russen, welche mit etwa 40 % die größte Minderheit stellten, aber ebenso Iraker und Iraner miteinander lebten. Als nach dem Zerfall der Sowjetunion allmählich ein usbekisches Nationalbewusstsein erwachte, setzte eine zunehmende Diskriminierung der anderen Nationen ein, so dass viele Angehörige dieser Volksgruppen auszureisen begannen, zunächst die Deutschen, da diese über das BVFG[261] die weitgehend unproblematische Möglichkeit zur Rückkehr nach Deutschland erhalten hatten. Aber auch viele Russen kehrten aus Usbekistan nach Russland zurück. Die Diskriminierung der anderen Völker zeigte sich unter anderem darin, dass es als Nicht-Usbeke fast unmöglich wurde, in höhere Positionen zu gelangen, oder dass als Aufnahmebedingung an Universitäten die Beherrschung der usbekischen Sprache verlangt wurde.

In Samarkand, der Heimatstadt der Informantin, spielte im Gegensatz zur Provinz die usbekische Sprache kaum eine Rolle, da Samarkand – nach der Hauptstadt Taschkent die größte Stadt Usbekistans mit etwa 300.000 Einwohnern – als multiethnische Stadt galt, in der sowohl Usbeken als auch Tadschiken, Russen, Armenier, Deutsche und andere lebten und in der Russisch als Lingua franca gesprochen wurde. Die Informantin berichtet, dass sie über sehr geringe Kompetenzen im Usbekischen verfüge, da keine Notwendigkeit bestand, diese Sprache zu lernen oder gar zu beherrschen. Russisch stellte auch an der Schule die Unterrichts- und Kommunikationssprache dar. Zwar wurde Usbekisch im Sinne einer Zweitsprache als Pflichtfach in der Schule unterrichtet, aber es wurde „schlecht unterrichtet" und „niemand wollte es lernen, weil alle Russisch sprachen". Das Erlernen der usbekischen Sprache wurde offensichtlich weder von den Lehrern noch von den Schülern ernst genommen. Für die Informantin selbst war es aufgrund ihrer deutschstämmigen Herkunft seitens des Vaters wichtiger, Deutsch zu lernen, so dass sie sich im schulischen Fremdsprachenunterricht mehr auf die deutsche als auf die usbekische Sprache konzentrierte.

Die Mutter der Informantin ist Russin, daher ist auch deren Erstsprache Russisch. Die Eltern der Mutter waren einst aus beruflichen Gründen nach Usbekistan gekommen. Der Vater der Informantin lernte Deutsch in der Familie als Erstsprache und – aufgrund seiner Sozialisation in einem usbekischen Dorf – Usbekisch als Zweitsprache, viel später erst nach seinem Umzug nach Samarkand eignete er sich als Jugendlicher zudem die russische Sprache an. Seine Eltern hingegen sprachen nur Deutsch, das heißt einen russlanddeutschen Dialekt. Die Dialektfreiheit im Deutschen erlangte der Vater während seines Deutschstudiums an der Universität, so dass er seitdem Hochdeutsch spricht. Die Informantin berichtet, dass ihr Vater auch heute noch neben Deutsch sowohl Russisch als auch Usbekisch auf muttersprachlichem Niveau, „perfekt", und akzentfrei beherrsche. GG selbst gibt Russisch als ihre Erstsprache an, da in ihrer Familie immer Russisch gesprochen wurde. Zwar beherrschte ihre Mutter auch die

---

[261] BVFG = Bundesvertriebenen- und Flüchtlingsgesetz, siehe Anm. 112.

deutsche Sprache, da sie in der Kindheit eine deutsche Schule[262] besucht, in Samarkand Deutsch studiert und anschließend Deutsch an einer Schule unterrichtet hatte, aber da keine Aussichten bestanden, jemals nach Deutschland auszureisen, waren ihre Eltern nicht daran interessiert, die Kinder russisch-deutsch zweisprachig zu erziehen, obwohl die Voraussetzungen dazu bestanden. Somit stellte Russisch sowohl die Erst- als auch Familien- und Umgebungssprache der Informantin während ihres Lebens in Usbekistan dar. Sie erzählt, dass ihre Eltern sich untereinander manchmal auf Deutsch unterhielten und dies als eine Art Geheimsprache gebrauchten, wenn sie ihre Kinder aus dem Gespräch ausschließen wollten.[263]

Erst seit etwa 1992, als die Möglichkeit zur Emigration nach Deutschland gegeben war, begannen die Eltern, mit den Kindern sporadisch Deutsch zu sprechen, allerdings erfolgte dies nicht sehr intensiv und nicht konsequent, so dass die Informantin diese Tatsache nur am Rande erwähnt. Zudem lernte sie Deutsch seit der 5. Klasse in der Schule als Fremdsprache, der Umzug nach Deutschland erfolgte jedoch bereits in der 7. Klasse. Hier besuchte sie zwei Jahre lang neben dem regulären Schulunterricht einmal wöchentlich einen Sprachkurs, in dem vor allem auf grammatische Fragen eingegangen und bei den Hausaufgaben geholfen wurde. Obwohl die Familie seit der Anfangszeit in den Übergangslagern dauerhaft an einem Ort wohnt, blieb es GG nicht erspart, aus verschiedenen Gründen bis zum Abitur viermal die Schule zu wechseln. Dass sie heute erfolgreich ihr Magisterstudium der Slawistik und Germanistik meistert, zeugt von einer gelungenen nicht nur sprachlichen, sondern auch sozialen Integration im weiteren Sinne.

Als die Informantin dreizehn Jahre alt war, vollzog sich mit der Einreise in die BRD der Wechsel der Umgebungssprache von Russisch zu Deutsch. Dennoch bezeichnet sie ihre Erstsprache Russisch auch heute noch als ihre starke Sprache und ihre Zweitsprache Deutsch als ihre schwächere Sprache, obwohl ihr die Zuordnung Probleme bereitet, da sie im Deutschen inzwischen ähnlich hohe Kompetenzen wie im Russischen aufweist. Sie sagt, dass sie auch häufig in Deutsch denke und ihr aus diesem Grund die Einteilung in starke und schwache Sprache schwer falle. Sie kenne keine Verständigungsprobleme im deutschsprachigen Alltag, und auch im Studium habe sie keine Schwierigkeiten, im Stoff mitzukommen. Lediglich auf der phonetischen Ebene verrät beim Sprechen ihr Ak-

---

[262] Deutsche Schule meint hier eine Schule, welche vorrangig von deutschstämmigen Kindern besucht und in welcher der Unterricht teilweise auf Deutsch abgehalten wurde, d. h., das Profil der Schule war schwerpunktmäßig auf den Erwerb der deutschen Sprache ausgerichtet.

[263] Dass GGs Eltern Deutsch als eine Art Geheimsprache verwendeten, scheint kein Einzelfall zu sein. So schreibt Anders über ihre Informanten: „Die befragten Kinder und Jugendlichen selbst beschrieben die deutsche Sprache teilweise als eine Sprache, die für sie über lange Zeiträume hinweg den Rang einer Geheimsprache hatte, die ihre Eltern mit Gleichaltrigen und älteren Verwandten sprachen." Anders, S. 41.

zent ihre russischsprachige Sozialisation. Beim Schreiben im Russischen habe sie heute größere Schwierigkeiten als im Deutschen, da sie mit der russischen Sprache fast nur noch mündlich konfrontiert würde. Auch bemerkt die Informantin, dass ihr russischer Wortschatz inzwischen Lücken aufweise, die darauf zurückzuführen seien, dass sie recht abgeschnitten von der Entwicklung der „lebendigen" russischen Sprache in den russischsprachigen Ländern lebe.
Trotzdem habe sie keine Schwierigkeiten, bei Aufenthalten im russischsprachigen Raum reines Russisch zu sprechen, da sie auch in Deutschland in privater und familiärer Umgebung vorwiegend Russisch spreche. Auch aus diesem Grund schlussfolgert sie schließlich, dass wohl Russisch ihre starke Sprache sei, da sie mit ihr „aufgewachsen" ist und diese – im Gegensatz zur deutschen Sprache – akzentfrei spricht. So hielt sie sich seit ihrer Ausreise zwar nie wieder in Usbekistan auf, aber ihr Freund stammt aus der Ukraine, so dass sie von Zeit zu Zeit gemeinsam in die Ukraine reisen, wo sie mit der russischen Sprache in Berührung kommt und beim Sprechen gezwungen ist, ohne die deutsche Sprache auszukommen. Bei Sprachproblemen im Russischen, welche sich in vorübergehenden Wortschatzlücken zeigen, versuche sie, auf Umschreibungen oder Internationalismen auszuweichen. Im Übrigen sei ihr Freund streng darauf bedacht, in der Kommunikation miteinander bewusst ausschließlich Russisch zu sprechen, ohne Code-switching und lexikalische Interferenzen, um die Kompetenzen in der russischen Sprache zu erhalten.
Mit ihrem vorwiegend russisch-deutsch zweisprachigen Freundeskreis seien die Unterhaltungen allerdings von einem ständigen Code-switching und häufigen Gebrauch lexikalischer Interferenzen gekennzeichnet, was die Informantin damit begründet, dass es einfacher und ökonomischer sei, in die russische Rede deutsche Begriffe zu integrieren, da deren russische Äquivalente zu suchen und wiederzugeben viel zu umständlich sei. Zudem gebe es dafür auch keinen Anlass, wenn das Gesprächsgegenüber ohnehin ebenfalls beide Sprachen spricht und versteht. So beginnt die Informantin häufig russische Sätze mit dem deutschen Wörtchen *also*, auch fügt sie deutsche Substantive wie *Schwerpunkt, Nachhilfeunterricht, Geheimsprache, Jugendsprache, Personalausweis* ein, während es ihr auch manchmal passiere, dass sie in Gesprächen mit deutschsprachigen Gesprächspartnern russische Adverbien wie ладно (*na gut*) oder хорошо (*gut*) einfließen lässt. Dies geschehe automatisch und sei ihr auch peinlich, aber sie bemerke es erst, nachdem sie es schon ausgesprochen hätte. Einmal habe sie völlig vom Deutschen ins Russische umgeschaltet und ihrer Gesprächspartnerin, die kein Russisch verstand, eine Weile etwas auf Russisch erzählt, ohne dass ihr der Sprachwechsel bewusst geworden wäre.
Hinsichtlich ihrer Sprachvorlieben auf emotionaler Ebene bevorzugt die Informantin beim Sprechen keine der beiden Sprachen ausdrücklich, jedoch höre sie das Russische, „ehrlich gesagt", lieber, was sie damit begründet, dass Russisch

ihre Erstsprache, die Sprache ihrer Familie und ihres Freundes und ihr somit vertrauter ist. Das Hören der deutschen Sprache verbindet sie teilweise mit Erfahrungen in der deutschen Gesellschaft als Reaktion auf ihren Akzent, welche sie als weniger angenehm empfindet. „Die Gesellschaft selbst lässt einen manchmal diese Sprache etwas weniger lieben": Über die Sprache, die der Informantin gegenüber in Behörden, sonstigen Institutionen und auf der Straße gesprochen wird, werden persönliche, zum Teil negative, Einstellungen der Sprecher GG gegenüber vermittelt.

Auf die Frage, wo sie sich emotional zu Hause fühlt, antwortet sie, dass sie ihre Heimat vielleicht noch nicht gefunden habe – auch in Deutschland fühle sie sich nicht immer „willkommen". Das Fremdheitsgefühl, mit dem sich die Informantin OB auseinandersetzen muss, ist auch GG wohl bekannt. Auch Usbekistan stelle für sie keine Heimat mehr dar, da fast sämtliche Verwandte und Bekannte das Land verlassen haben. Direkt diskriminiert fühle sie sich hier jedoch nicht, auch wenn sie in der Schule Beschimpfungen wie „Russenschwein" über sich ergehen lassen musste, auf welche sie damals noch nicht angemessen reagieren konnte, weil ihr Wortschatz im Deutschen noch stark begrenzt war. Heute ist sie sprachkompetent und selbstbewusst genug, um ähnlichen Anfeindungen entsprechend zu begegnen.

Die Identitätsfrage bezeichnet GG für sich als „sehr schwierig": Ihr Vater ist deutschstämmig, ihre Mutter ist Russin, aufgewachsen und sozialisiert ist sie in Usbekistan, nun lebt sie seit ihrer Jugend in Deutschland. Der Einfachheit halber stelle sie sich hierzulande selbst oft als „Russlanddeutsche" vor, obwohl sie sich nicht explizit als Angehörige dieser Volksgruppe empfinde, da sie im eigentlichen Sinne halb Russin, halb Usbekendeutsche sei und nie in Russland lebte. Sie fühle sich sowohl mit der usbekischen als auch mit der sowjetisch-russischen Kultur in Bezug auf Traditionen und Sprache vertraut. Doch weil sie in der usbekischen Gesellschaft aufwuchs, seien ihr die usbekischen Bräuche und Umgangsformen teilweise verständlicher als die russischen. So kann sie beispielsweise nicht nachvollziehen, wenn junge Frauen aus Russland rauchen, da in der asiatisch-orientalischen Welt eine Frau, die raucht, mit einer Prostituierten gleichgesetzt wird. Aus diesem Grund fühle sie sich nicht als Russin, denn in ihrer Sozialisation wurde sie trotz aller Russifizierung durch das Sowjetregime von einem asiatischen Gesellschaftssystem beeinflusst. Als Deutsche betrachte sie sich auch nicht, weil sie mit vielen deutschen Erscheinungen nicht vertraut sei. Obwohl sie über die Frage ihres eigenen kulturellen Selbstverständnisses viel nachdachte, kam sie zu keiner befriedigenden Antwort und beschloss, sich als Individuum, einfach als Mensch wahrzunehmen. In jüngster Zeit jedoch gelangte sie wiederum zu der Ansicht, dass auch das nicht ausreiche, da der Mensch irgendwelche kulturellen Wurzeln brauche, so dass sie sich langsam als Halbrussin und Halbdeutsche zu fühlen beginnt, weil sie einsieht, dass es notwendig ist, eine Identität zu finden. Grundsätzlich bezeichnet sie sich eindeutig als multikulturell, dies auch vor dem Hintergrund, dass Multikulturalität ihr seit Kindheit an als gewöhnliches Phänomen in Samarkand vertraut ist. Obwohl ihr während der Schulzeit in Deutschland mehrfach auch Misstrauen und Neid seitens ihrer Mitschüler bezüglich ihrer Zweisprachigkeit begegneten, steht GG dieser heute sehr positiv gegenüber. Sie ermöglicht ihr eine tiefgründigere Begegnung mit der deutschen Kultur und Gesellschaftsstruktur. Es gab auch Zeiten kurz nach der Einreise nach Deutschland, in denen sie sich wünschte, ihr Russisch ganz zu vergessen und dafür akzentfrei Deutsch sprechen zu können. Diese – aus den Erfahrungen in der Schule heraus begründbare und verständliche – Einstellung legte sie in der Zwischenzeit ab. Sie fand sich mit ihrem Akzent ab und ist nun stolz auf ihre russischsprachige Herkunft. Obwohl sie mit ihrer deutschen Staatsangehörigkeit das Recht hat, ihr Leben lang in Deutschland zu bleiben, schließt sie die Variante nicht aus, mit ihrem Freund in dessen ukrainische Heimat zu gehen und dort zu leben. Auch sie würde die Zwei- oder gar Mehrsprachigkeit ihrer Kinder fördern und unterstützen, weil sie möchte, dass ihre Kinder auch einen Teil des Lebens und der Kultur der Eltern kennen lernen.

2.4.2.3 Zusammenfassende Auswertung der Daten

Alle Informanten stehen, trotz teilweise anfänglicher Schwierigkeiten, ihrer russisch-deutschen Zweisprachigkeit ausnahmslos sehr positiv gegenüber und nehmen diese als eindeutige Bereicherung wahr, da sie sie zu einer intensiven Begegnung sowohl mit der deutschen als auch mit der russischen beziehungsweise russischsprachigen und gegebenenfalls mit der jeweiligen Kultur des Herkunftslandes befähigt auf einer Ebene, die es ihnen ermöglicht, sich in diesen verschiedenen Kulturräumen frei und unabhängig zu bewegen. Die individuellen Biographien der Informanten bringen sehr deutlich die Diversität russischsprachiger Zuwanderung in Deutschland zum Ausdruck. Sie veranschaulichen die Tatsache, dass nur ein Teil der russischsprachigen Migranten russisch im Sinne einer Zugehörigkeit zur russischen Ethnie ist, während russisch nicht zwangsläufig bedeutet, dass der Betreffende aus Russland kommt, er kann ebenso aus der Ukraine, aus Usbekistan, Weißrussland oder anderen GUS-Staaten stammen. Andersherum ist nicht in jedem Fall derjenige, welcher aus Russland einreiste, gleich Russe, er kann ukrainische, deutsche, weißrussische, tatarische und viele andere ethnische Wurzeln haben. Aus diesem Grund und durch ihre Teilhabe am Leben in Deutschland verkörpern die Befragten geradezu die Völkerverständigung, die sich wiederum in der kulturellen, sowohl sprachlichen als auch nationalen, Identität der Informanten widerspiegelt. Ihnen allen fällt es schwer, sich einer Kultur oder einer Nation zuzuordnen, ihr kulturelles Selbstverständnis ist als bi- oder tendenziell gar multikulturell aufzufassen, was unter anderem mit ihrer gelungenen Integration in die deutsche Gesellschaft zusammenhängt, da sie sich nicht abschotten und isolieren, sondern aktiv am gesellschaftlichen Leben in Deutschland teilnehmen und sich als Mitglieder sowohl der deutschen als auch der russischsprachigen – russischen, weißrussischen oder ukrainischen – Gesellschaft wahrnehmen.

Sie sind stolz auf ihre nichtdeutschen Wurzeln und gehen mit diesem Potential selbstbewusst um, was sich unter anderem auch darin zeigt, dass sie alle ihren zukünftigen Kindern ihre Zweisprachigkeit und ihr bi- beziehungsweise multikulturelles Selbstverständnis vermitteln möchten, da sie es als wichtig ansehen, dass auch ihren Kindern bewusst wird, aus welchen Kulturkreisen ihre Eltern kommen. Triarchi-Herrmanns Empfehlung, in der bilingualen Kindererziehung das „Eine Person – eine Sache"-Prinzip durchzuhalten (vgl. Kapitel 2.6.1), stößt in der Praxis jedoch auf Hindernisse, wie das Beispiel von NM zeigt, welche als einzige der Informanten bereits – inzwischen erwachsene – Kinder hat und ursprünglich den Willen besaß, ihre Kinder zweisprachig zu erziehen, jedoch an den Hürden des Konsequentseins scheiterte. Zum anderen belegt das Beispiel von KG, dass das „Eine Person – eine Sache"-Prinzip nicht den einzigen Weg zu gelingender Zweisprachigkeit bietet und dass sich keineswegs zwangsläufig die gemischtsprachige Sprechweise der Eltern nachteilig auf die Unterscheidung der zwei Sprachsysteme auswirkt.

Sofern sich die Kategorien der Additivität und Subtraktivität von Zweisprachigkeit bei Kindern auf die im jugendlichen oder jungen Erwachsenenalter erworbene Zweisprachigkeit übertragen lassen, ist bei allen Befragten eine durchaus additive Zweisprachigkeit festzustellen. Nach meiner Einschätzung beeinflusste der Zweitspracherwerb die Persönlichkeitsentwicklung der Informanten sehr positiv, da diese einen sprachinteressierten und der Welt, anderen Menschen und ihren Kulturen gegenüber aufgeschlossenen Eindruck machen. Es ist anzumerken, dass sowohl KG als auch GG, LK und AK außerordentliche Begabungen zum Erlernen von Fremdsprachen aufweisen, wobei nicht erkennbar ist, ob ihr Fremdsprachentalent auf ihre Zweisprachigkeit zurückzuführen ist oder ob andersherum ihre gelungene Zweisprachigkeit Ergebnis ihrer Fremdsprachenbegabung ist.

In den jeweiligen Sprachkompetenzen der Informanten wird deutlich, dass ein natürlicher Zweitspracherwerb offensichtlich zu größerem Erfolg in der Sprachaneignung führt als ein ausschließlich künstlicher Zweitspracherwerb. Der Fakt, dass Umgebungssprache und Zweitsprache identisch sind, und der Umgang mit Muttersprachlern im Alltag sind für den Zweitspracherwerb ungemein förderlich, wie das Sprachverhalten aller Informanten eindeutig belegt. Allerdings zeigt sich ebenso, dass natürlicher und gesteuerter Zweitspracherwerb sich in der Kombination einander hervorragend ergänzen, auch wenn sie zeitlich nicht parallel, sondern nacheinander stattfinden. Das didaktisierte, systematische Lernen scheint grammatikalischen und orthographischen Schwächen und Unsicherheiten vorzubeugen. Hier bestätigt sich Triarchi-Herrmanns These, dass der alleinige natürliche Zweitspracherwerb die Gefahr in sich birgt, dass der Erwerb der Schriftsprache vernachlässigt wird, weil man sich ausschließlich an der gesprochenen Varietät orientiert (vgl. Kapitel 2.5.2). Andersherum gilt dies offensichtlich auch für die Erstsprache, da bei einigen der befragten Migranten, so bei OB, LK und GG, zu beobachten war, dass sie inzwischen beim Schreiben des Russischen Schwierigkeiten haben, da sie seit ihrer Einreise nach Deutschland auf Russisch vor allem mündlich kommunizieren. Die russische Schriftsprache, welche einst problemlos beherrscht wurde, leidet demzufolge darunter, dass sie nicht trainiert wird.

Weil die Befragten ihre russischsprachige Sozialisation und ihre Zweisprachigkeit als Kapital begreifen, bemühen sie sich um den Erhalt der russischen Sprache als Teil ihrer Identität, indem sie beispielsweise mit der Familie und mit Freunden zumindest zum Teil Russisch sprechen, da sie ohnehin bereits damit umzugehen lernen müssen, dass sie ihre russische Sprache in Ansätzen verlieren. Zum einen sind sie von der Entwicklung der russischen Gegenwartssprache abgeschnitten, was sich in beginnenden Wortschatzlücken zeigt, die zu schließen sie jedoch in der Lage sind, wenn sie sich länger in russischsprachiger Umgebung aufhalten, zum anderen sind ihnen inzwischen ebenso, wie bereits oben erwähnt, Schreibunsicherheiten im Russischen vertraut.

Vorwiegend funktionales Code-switching und Interferenzen vor allem lexikalischer Art sind für die Sprache aller Informanten eine typische Erscheinung. Während es ihnen tendenziell leichter fällt, Deutsch in reiner Form zu sprechen, weil ein Großteil ihres Lebens sich derzeit in Deutschland abspielt und dieses demnach von einem deutschsprachigen Alltag beeinflusst wird, so ist ihre russische Sprache davon gekennzeichnet, dass sie häufig deutsche Begriffe integrieren. Demzufolge ist tendenziell eher ein Einfluss des Aufenthalts in deutschsprachiger Umgebung und somit ein Einfluss der deutschen Sprache auf die russische Sprache zu beobachten als umgekehrt. Ein ebenso deutlicher Einfluss des Russischen auf das Deutsche hingegen ist nicht festzustellen, zumindest nicht in ausschließlich sprachlicher Hinsicht, abgesehen von der phonetischen Ebene, so bei AK und GG, jedoch kaum auf der lexikalischen und morphosyntaktischen Ebene. Manche Sachverhalte können die Informanten auf Russisch gar nicht ausdrücken. Dies ist vor allem dann zu beobachten, wenn sie Erscheinungen beschreiben, die charakteristisch für ihr Leben in Deutschland sind, die sich also zum Beispiel auf Studieninhalte, Institutionenbezeichnungen, politische Themen beziehen oder deutsche Mentalität widerspiegeln – so ist die Unumgänglichkeit des deutschen Begriffs *Termin* an die Wichtigkeit von ebensolchen im deutschen Alltag geknüpft. Zudem gestalten sich manche russische Äquivalente als zu umständlich, so dass diese aus ökonomischen Gründen auf

Deutsch beschrieben werden. Diese Beobachtungen bestätigen auch Goldbachs Untersuchungsergebnisse, vor allem im Bereich von Code-switching und lexikalischen Interferenzen in Themenbereichen wie Universität, Arbeit und Behörden. Auch die Verwendung von Antwort- und Rückmeldepartikeln wie *doch, ach so, na ja* konnte sowohl in Goldbachs als auch in der vorliegenden Studie beobachtet werden. Somit sind im Grundsätzlichen die hier vorgebrachten Ergebnisse als Bestätigung von Goldbachs Untersuchungen aufzufassen. Es wurde aufgezeigt, dass Code-switching und vor allem lexikalische Interferenzen wichtige Kommunikationsstrategien innerhalb der russisch-deutschen Sprachgemeinschaft darstellen. Bei Gesprächspartnern, welche nur der einen Sprache mächtig sind und sich somit Interferenzen und Code-switching als erfolglose Kommunikationsstrategien erweisen, behelfen sich die Befragten bei Ausdrucksproblemen anderer Mittel, um sich verständlich zu machen. So weichen sie auf Umschreibungen, Internationalismen oder gar Demonstration von Gegenständen aus, deren Bezeichnung ihnen in der Sprache, die der Gesprächspartner beherrscht, nicht bekannt beziehungsweise entfallen ist.

Aufgrund des häufigen Auftretens von Interferenzen und Code-switching fällt einigen der Informanten, so vor allem NM, LK und GG, die Unterscheidung ihrer Sprachen in starke und schwache Sprache sehr schwer, da sie zum einen verschiedene Lebensbereiche den verschiedenen Sprachen zuordnen und sich zum anderen die Kompetenzen auf den Ebenen Verstehen, Sprechen, Lesen und Schreiben in den beiden Sprachen ergänzen. Wenn AK, OB, LK und GG Schwierigkeiten haben, über universitätsbezogene Themen auf Russisch zu sprechen, über diese aber ohne jegliche Anstrengung auf Deutsch berichten können, so sind sie jedoch eher in der Lage, familiäre und private Ereignisse und Gefühlszustände auf Russisch, in ihrer Erstsprache, zu formulieren. Dies zeugt ebenfalls von einem funktionalen Code-switching (vgl. Kapitel 2.8.1.1). Im Übrigen ist festzustellen, dass den Befragten das Umschalten von der einen in die andere Sprache meistens durchaus bewusst ist beziehungsweise es ihnen häufig sofort bewusst wird, unmittelbar nachdem der Wechsel vollzogen wurde – dies mag jedoch damit zusammenhängen, dass alle Informanten über eine höhere Bildung im Allgemeinen verfügen und zudem speziell einige von ihnen, so AK, GG, und OB, ein philologisches Studium absolvierten beziehungsweise absolvieren und somit bewusste Sprachreflexion eine alltägliche Tätigkeit für sie darstellt.

Im Hinblick auf die Einteilung in starke und schwache Sprache fällt zudem auf, dass die Informanten ihre Schwierigkeiten diesbezüglich auch daran festmachen, dass sie durchaus in der Lage sind, sowohl in Russisch als auch in Deutsch zu denken, was wiederum auf hohe Kompetenzen in beiden Sprachen verweist. Diese Fähigkeiten beziehen sich jedoch im Allgemeinen auf die hochdeutsche Varietät und nicht auf die verschiedenen deutschen Dialekte. Es war zu beobachten, dass einige Informanten bei der Beurteilung der Kompetenzstufen im Verstehen, Sprechen, Lesen und Schreiben der deutschen Sprache explizit nachfragten, ob Hochdeutsch oder dialektale Varianten gemeint seien, und es wurde deutlich, dass sie bereits auf der rezeptiven Ebene, beim Verstehen, Schwierigkeiten im Umgang mit Dialekten haben – worin sie sich allerdings nicht zwangsläufig von einheimischen Muttersprachlern unterscheiden.

Hinsichtlich des Alters zum Zeitpunkt des Zweitspracherwerbs bestätigt sich in der Untersuchung Triarchi-Herrmanns Behauptung, dass nicht allein das Alter über die Qualität der Fähigkeiten in der Zweitsprache entscheidet (vgl. Kapitel 2.7). Auch in Bezug auf die phonetische Ebene, auf welcher im Zweitspracherwerb Kinder vermeintlich im Vorteil gegenüber Erwachsenen sind, lässt sich keine eindeutige Signifikanz des Alters belegen. So spricht LK, welche erstmals in Deutschland im Alter von dreizehn Jahren der deutschen Sprache begegnete, heute Deutsch ohne jeglichen Akzent. Die Fähigkeit zur weitgehenden Akzentfreiheit scheint demnach ebenso von anderen Faktoren abzuhängen, so vermute ich, dass Veranlagungen und Neigungen, aber auch ein gut entwickeltes musikalisches Gehör zum akzentfreien Sprechen einer Zweit- oder Fremdsprache beitragen.

Ebenfalls beruflich profitieren die Befragten von ihrer Zweisprachigkeit, wie die Beispiele von KG und NM belegen, während es AK, LK, GG sowie OB wahrscheinlich unmöglich wäre, ihr Universitätsstudium in Deutschland so erfolgreich zu absolvieren beziehungsweise ihre Dissertation zu verfassen, wenn sie nicht über solche herausragenden Kompetenzen in der deutschen Sprache verfügten. Diese Tatsache verweist auf die enorme Wichtigkeit der Beherrschung der Landessprache für Migranten als Faktor für eine gelingende Integration in die jeweilige Aufnahmegesellschaft. Sie ermöglicht eine solide Ausbildung, die wiederum Voraussetzung für beruflichen Aufstieg und gesellschaftliche Anerkennung ist. Die Überwindung von Verständigungsproblemen auf sprachlicher Ebene, realisiert durch die Aneignung der jeweiligen Landessprache, fördert den Abbau von gegenseitigen Fremdheits- und Distanzempfindungen. So dienen die Kenntnisse der deutschen Sprache den Informanten dazu, sich in der deutschen Gesellschaft behaupten und durchsetzen zu können.

4 Schlussbetrachtungen und Ausblick

„Die sprachliche Integration – insbesondere der russlanddeutschen Kinder – wird langfristig nur dann befriedigend verlaufen, wenn die monolingual deutsche Gesellschaft sich bereit findet, die Integrationssituation in ihrer ganzen Komplexität zur Kenntnis zu nehmen und die Zuwanderer bei ihrer Bewältigung zu unterstützen."[264]

Im Hinblick auf die moderne multikulturelle Gesellschaft im Allgemeinen lassen sich zusammenfassend drei Aspekte festhalten: 1. Sprache ist der Schlüssel zur Integration. 2. Zwei- und Mehrsprachigkeit und Bi- beziehungsweise Multikulturalität sind nicht als Nachteil oder Hindernis aufzufassen, sondern als Kapital und Potential zu begreifen und zu fördern. 3. Eine Auffassung von kultureller Identität, die sich allein auf Sprache und Nationalität bezieht, muss in Zeiten von weltweiter Globalisierung und Multikulturalität als überholt gelten.

Bezüglich der antiquierten Vorstellung von kultureller Identität als sprachliche und nationale Zugehörigkeit zu einer Gemeinschaft scheint eine Erneuerung notwendig. Es ist erstens in Frage zu stellen, ob generell noch die Notwendigkeit zu kultureller Identifizierung besteht. Wenn dies so ist, muss zweitens nach neuen Kriterien zur Definition von kultureller Identität gesucht werden, da in einer multikulturellen Gesellschaft, wie wir sie im heutigen Deutschland vorfinden, Menschen verschiedener Nationen mit verschiedenen Sprachen und somit mehrere Kulturen – im Sinne allgemeiner Vorstellungen von Normen, Werten und Verhaltensweisen – neben- und miteinander leben und ihren Platz haben.

Solide Kenntnisse in der Mehrheitssprache der Aufnahmegesellschaft sind die Voraussetzung für eine Erfolg versprechende soziale Integration von Einwanderern, denn sie ermöglichen weitgehende Selbstständigkeit und Unabhängigkeit, die für ein gesundes Selbstbewusstsein der Zuwanderer unabdingbar sind, und sie sind ungemein förderlich für den Kontakt mit Einheimischen. Sie sind die Bedingung für eine erfolgreiche Ausbildung und berufliche Integration. Die Bundesregierung trägt dem mit dem im Jahr 2005 in Kraft getretenen Zuwanderungsgesetz Rechnung, in welchem sie die Einreise auch für nichtdeutschstämmige Familienmitglieder von russlanddeutschen Spätaussiedlern, die inzwischen vier Fünftel der über das BVFG Einreisenden ausmachen (siehe Anm. 118), an die Bedingung von Grundkenntnissen der deutschen Sprache knüpft. Dies ist nicht als ein Zeichen aufzufassen, welches die Unerwünschtheit der Zuwanderung zum Ausdruck bringen soll – das Gegenteil ist der Fall: Der deutsche Staat zieht Konsequenzen aus den Problemen, die aus der mangelhaften Integration von Russlanddeutschen in die deutsche Gesellschaft infolge unzureichender

---

[264] Meng, S. 12.

Sprachkenntnisse entstanden. Er möchte den Zuwanderern die soziale Integration erleichtern und Frustration sowie Ghettoisierung auf Seiten der Spätaussiedler, die der Integration entgegenarbeiten, vorbeugen.
Zwei- und Mehrsprachigkeit in Deutschland ist das Ergebnis von Migrationsbewegungen, welche vor allem in Form des Zuzugs von Arbeitskräften in den 1960er und 1970er Jahren und von Aussiedlern und Spätaussiedlern vor allem in den 1990er Jahren zunächst zumindest von staatlicher Seite gewünscht wurden, bald jedoch zu gesellschaftlichen Problemen führten. Dass im deutschen Bildungsbereich nach fast vierzig Jahren Einwanderungsgeschichte noch immer die problemorientierte Sichtweise bezüglich der Zwei- oder Mehrsprachigkeit von Kindern oder Jugendlichen vorherrscht, zeugt von dem noch heute vorhandenen „monolingualen Habitus" im Bildungssystem und in der Gesellschaft allgemein (siehe Vorwort). Es gibt eine Vielzahl von Ansätzen und Initiativen, die die Zwei- und Mehrsprachigkeit von Schülern als Bereicherung auffassen und zu fördern versuchen und einen Beitrag zur Akzeptanz und Unterstützung dieser leisten. Diese Initiativen gilt es durchzusetzen und auszubauen.
So zeugt die an der Berliner Herbert-Hoover-Oberschule, deren Anteil an Kindern mit nichtdeutscher Erstsprache 90,8 % beträgt, von der Schulkonferenz unter der Schulleiterin Jutta Steinkamp beschlossene freiwillige Deutschpflicht, die zu Beginn dieses Jahres heftig in der Öffentlichkeit diskutiert wurde, von einem als positiv zu bewertenden Engagement zur Unterstützung der Mehrsprachigkeit der Schüler – entgegen den von Medien und türkischen Verbänden unternommenen Bemühungen, dies als Boshaftigkeit seitens der Schulleitung gegenüber den Migrantenkindern und „Exempel für Diskriminierung und Ausgrenzung"[265] darzustellen. Das in der Hausordnung festgehaltene und von den Schülern begrüßte und unterstützte Gebot, Deutsch als Verkehrssprache sowohl im Klassenraum als auch auf dem Schulhof und auf Klassenfahrten zu sprechen, trägt zu einer deutlichen Verbesserung der Kompetenzen in der deutschen Sprache bei Kindern bei, die zu Hause nicht Deutsch sprechen.[266] Die Entscheidung zur freiwilligen Deutschpflicht an der Schule fördert den Erwerb von Deutsch als Zweitsprache, ohne die Kenntnisse in der Erstsprache, welche in häuslicher Umgebung gesprochen wird, zu beeinträchtigen und die Herkunftskultur abzuwerten.
Einen anderen Ansatz zur Unterstützung von Zweisprachigkeit liefert die Heinrich-Wolgast-Grundschule in Hamburg, in welcher die Schüler von Beginn an zweisprachig türkisch-deutsch unterrichtet werden. Durch den bilingualen Unterricht werden die einheimischen Kinder mit der türkischen Sprache und Kultur vertraut, während die türkischen beziehungsweise türkischstämmigen Kinder zum einen im Erwerb der deutschen Sprache gezielt gefördert werden, und zum

---

[265] Lau, S. 61.
[266] Vgl. ebd., S. 62.

anderen machen sie die psychologisch wichtige Erfahrung, dass ihr nichtdeutscher Identitätsbestandteil anerkannt und als Potential betrachtet wird.[267] Generell bewirkt bilingualer Unterricht, wie er bundesweit bereits an zahlreichen Schulen durchgeführt wird, eine Stärkung des Prestiges anderer Sprachen und Kulturen, so dass eine positive Einstellung bei den Schülern, der heranwachsenden Generation, gegenüber Einwanderern und ihren Sprachen und Kulturen begünstigt wird.

Doch nicht nur im schulischen Bildungsbereich gilt es zu handeln. Eine Einbeziehung der Eltern von Migrantenkindern in das Schulleben ihrer Kinder und gezielte Programme für diese Gruppe sind dringend nötig. Dass so etwas möglich ist, beweist das Modellprojekt *Mama lernt Deutsch* in Frankfurt am Main, bei dem die Mütter von Einwandererkindern in der Zeit, in welcher ihre Kinder Unterricht haben, im selben Schulhaus Deutschunterricht erhalten.[268]

Es fehlt nicht an Ideen und Engagement. Es fehlt an Unterstützung und Förderung solcher Projekte und Initiativen seitens des deutschen Staates und der deutschen Gesellschaft. Sich in eine Gesellschaft integrieren zu wollen, die Migranten häufig ein Gefühl des Nichtwillkommenseins vermittelt, indem sie ihre Sprachen und Kulturen negiert und verleugnet und somit die Aufgabe ihrer kulturellen Identität fordert, ist von Zuwanderern zu viel verlangt. Eine erfolgreiche Integration erfordert nicht nur Deutschkenntnisse, sondern auch eine Anerkennung und Achtung des Anderen, des Fremden seitens der deutschen Gesellschaft. Mehrsprachigkeit und Multikulturalität sind als Chance und Möglichkeit zu begreifen und nicht als Behinderung aufzufassen. Lehrer, welche – angesichts der hohen Migrantenzahlen an der Schule – aus einer Ohnmacht heraus von ihren Schülern aus Einwandererfamilien verlangen, dass sie zu Hause mit ihren Eltern Deutsch sprechen sollen, tragen nicht zur Anerkennung von Mehrsprachigkeit und Multikulturalität bei. Sie handeln verantwortungslos, weil sie auf diese Weise die Entstehung von subtraktiver Zwei- und Mehrsprachigkeit und emotionaler Orientierungslosigkeit begünstigen.

Rahmenpläne und eine Lehrerausbildung, die sich weiterhin am „monolingualen Habitus" orientieren, gehen in Deutschland an der Realität vorbei. Hierzulande werden derzeit angehende Lehrer nicht auf die Mehrsprachigkeit und Multikulturalität der Schulen vorbereitet. Eine Reform der Rahmenpläne und der Lehrerausbildung im Hinblick auf die multikulturelle Gesellschaft in Deutschland ist dringend notwendig, da die Mehrzahl der Lehrer heute nicht in der Lage ist und nicht über die Möglichkeiten verfügt, auf die spezifischen Bedürfnisse von Kindern aus nichtdeutschen oder binationalen Familien einzugehen, deren Potential zu erkennen, dieses als positiv zu bewertendes Kapital den einheimischen Schülern zu vermitteln und die Besonderheiten des Erwerbs der deutschen Sprache

---

[267] Vgl. Spiewak (b), S. 40.
[268] Vgl. Nagel, S. 211-215.

als Zweitsprache zu berücksichtigen. Diese Rahmenpläne und diese Art der Lehrerausbildung, welche den polyglotten und multikulturellen Charakter der Bevölkerungsstruktur verleugnen, sind als Spiegelbild für die Einstellung der bundesdeutschen Regierung und dieser Gesellschaft gegenüber Zuwanderern aufzufassen. Längst ist es an der Zeit, dass man sich hierzulande bewusst wird: Deutschland ist ein Einwanderungsland. Diesem Fakt müssen politisches und gesellschaftliches Handeln gerecht werden. Multilingualität und Multikulturalität sind eine Chance – sie muss nur ergriffen werden.

5 Literatur

5.1 Zweisprachigkeit/Mehrsprachigkeit allgemein

Assmann, Jan: Das kulturelle Gedächtnis: Schrift, Erinnerung und politische Identität in frühen Hochkulturen. München, ²1997.
Bathia, Tej K.; Ritchie, William C.: The Handbook of Bilingualism. Malden, Mass. (u. a.), 2004.
Bechert Johannes; Wildgen, Wolfgang: Einführung in die Sprachkontaktforschung. Darmstadt, 1991.
Cunningham-Andersson, Una; Andersson, Staffan: Growing up with Two Languages. A Practical Guide. London/New York, 2001.
Diller, Karl C.: „Kompositionelle" und „koordinierte" Zweisprachigkeit: Ein begriffliches Abstrakt. In: Raith, Joachim; Schulze, Rainer; Wandt, Karl-Heinz (Hg.): Grundlagen der Mehrsprachigkeitsforschung. Forschungsrahmen, Konzepte, Beschreibungsproblem, Fallstudien. Stuttgart, 1986. S. 19-25.
Erfurt, Jürgen; Budach, Gabriele; Hofmann, Sabine (Hg.): Mehrsprachigkeit und Migration. Frankfurt am Main, 2003.
Fishman, Joshua A. (Hg.): Migrant Languages in Western Europe. International Journal of the Sociology of Language. Berlin/New York, 1991.
Fthenakis, Wassilios E.; Sonner, Adelheid; Thrul, Rosemarie; Walbiner, Waltraud: Bilingual-bikulturelle Entwicklung des Kindes. Ein Handbuch für Psychologen, Pädagogen und Linguisten. München, 1985.
Gogolin, Ingrid: Erziehungsziel Zweisprachigkeit. Konturen eines sprachpädagogischen Konzepts für die multikulturelle Schule. Hamburg, 1988.
Gumperz, John J.: Sprache, lokale Kultur und soziale Identität. Theoretische Beiträge und Fallstudien. Düsseldorf, 1975.
Hoffmann, Charlotte: An Introduction to Bilingualism. London (u. a.), 1997.
Hinnenkamp, Volker; Meng, Katharina: Sprachgrenzen überspringen. Sprachliche Hybridität und polykulturelles Selbstverständnis: Einleitung. In: Hinnenkamp, Volker; Meng, Katharina (Hg.): Sprachgrenzen überspringen. Sprachliche Hybridität und polykulturelles Selbstverständnis. Tübingen, 2005. S. 7-16.
Jampert, Karin: Schlüsselsituation Sprache. Spracherwerb im Kindergarten unter besonderer Berücksichtigung des Spracherwerbs bei mehrsprachigen Kindern. Opladen, 2002.
Kielhöfer, Bernd; Jonekeit, Silvie: Zweisprachige Kindererziehung. Tübingen, 1991.
Kroll, Judith F.: Handbook of Bilingualism. Psycholinguistic Approaches. Oxford (u. a.), 2005.
Lau, Jörg: Deutschstunden. Asad Suleman kämpft für die deutsche Sprache auf

seinem Schulhof in Berlin-Wedding. [...] In: DIE ZEIT. Nr. 6/2006. 02.02.2006. S. 61f.

Luchtenberg, Sigrid: Interkulturelle sprachliche Bildung. Zur Bedeutung von Zwei- und Mehrsprachigkeit für Schule und Unterricht. Münster (u. a.), 1995.

MacNamara, John: Bilingualismus und Denken. In: Raith, Joachim; Schulze, Rainer; Wandt, Karl-Heinz (Hg.): Grundlagen der Mehrsprachigkeitsforschung. Forschungsrahmen, Konzepte, Beschreibungsproblem, Fallstudien. Stuttgart, 1986. S. 26-39.

Menk, Antje-Katrin (Hg.): Die Sprache der Schule und die Sprachen der Schüler. Schulsprachenpolitische Konzeptionen für ausländische Schüler in Bremen 1970-80. Osnabrücker Beiträge zur Sprachtheorie. Oldenburg, 2000.

Nagel, Helga: Integration gestalten. Initiativen des Amtes für multikulturelle Angelegenheiten der Stadt Frankfurt am Main. In: Erfurt, Jürgen; Budach, Gabriele; Hofmann, Sabine (Hg.): Mehrsprachigkeit und Migration. Frankfurt am Main, 2003. S. 211-215.

Peltzer-Karpf, Annemarie; Zangl, Renate: Die Dynamik des frühen Fremdsprachenerwerbs. Tübingen, 1998.

Riehl, Claudia M.: Sprachkontaktforschung. Eine Einführung. Tübingen, 2004.

Sarter, Heidemarie: Sprache. Spracherwerb. Kultur. Das Beispiel der Migrantenkinder in Frankreich. Tübingen, 1991.

Siebert-Ott, Gesa M.: Frühe Mehrsprachigkeit. Probleme des Grammatikerwerbs in multilingualen und multikulturellen Kontexten. Tübingen, 2001.

Spiewak, Martin (a): Do you play English? Wissenschaftler debattieren darüber, wann das kindliche Gehirn reif für eine Fremdsprache ist. Interview mit Jürgen M. Meisel und Elsbeth Stern. In: DIE ZEIT. Nr. 10/2006. 02.03.2006. S. 37.

Spiewak, Martin (b): Man spricht (nicht nur) Deutsch. Warum gilt Türkisch nur als Makel und nicht als Schatz? [...] In: DIE ZEIT. Nr. 8/2006. 16.02.2006. S. 40.

Stenzel, Achim: Die Entwicklung der syntaktischen Kategorien Nomen und Verb bei ein- und zweisprachigen Kindern. Tübingen, 1997.

Triarchi-Herrmann, Vassilia: Mehrsprachige Erziehung. Wie Sie Ihr Kind fördern. München, 2003.

Wei, Li: The Bilingualism Reader. London (u. a.), 2000.

Zangl, Renate: Dynamische Muster in der sprachlichen Ontogenese: Bilingualismus, Erst- und Fremdsprachenerwerb. Tübingen, 1998.

5.2 Zweisprachigkeit russisch-deutsch

Anders, Kerstin: Einflüsse der russischen Sprache bei deutschsprachigen Aussiedlern. Untersuchungen zum Sprachkontakt Deutsch-Russisch. Mit Transkriptionen aus fünf Gesprächen. Hamburg, 1993.
Beauftragte der Bundesregierung für Migration, Flüchtlinge und Integration (Hg.): Daten – Fakten – Trends. Migrationsgeschehen. In Zusammenarbeit mit dem efms – Europäisches Forum für Migrationsstudien in Bamberg. Berlin, 2005.
Beauftragter der Bundesregierung für Aussiedlerfragen und nationale Minderheiten (Hg.) (a): Infodienst deutsch-russische Ausgabe. Nr. 49. Berlin, 2006.
Beauftragter des Bundesregierung für Aussiedlerfragen und nationale Minderheiten (Hg.) (b): Infodienst Deutsche Aussiedler. Nr. 118. Berlin, 2005.
Berend, Nina: Sprachliche Anpassung. Eine soziolinguistisch-dialektologische Untersuchung zum Russlanddeutschen. Tübingen, 1998.
Bundesverwaltungsamt (Hg.): Jahresstatistik Spätaussiedler und deren Angehörige. Alter, Berufe, Religion, Verteilung und Herkunftsländer. 2005. Köln, 2006.
Dešeriev, Ju. D. (Hg.): Razvitie nacional'no-russkogo dvujazyčija. Moskva, 1976.
Goldbach, Alexandra: Deutsch-russischer Sprachkontakt. Deutsche Transferenzen und Code-switching in der Rede Russischsprachiger in Berlin. Frankfurt am Main, 2005.
Ingenhorst, Heinz: Die Russlanddeutschen. Aussiedler zwischen Tradition und Moderne. Frankfurt am Main/New York, 1997.
Kessler, Judith (a): Beispiel Berlin: Jüdische Migration aus der ehemaligen Sowjetunion seit 1990. 1996.
http://www.berlin-judentum.de/gemeinde/migration.htm (13.02.06),
http://www.berlin-judentum.de/gemeinde/migration-1.htm (13.02.06),
http://www.berlin-judentum.de/gemeinde/migration-2.htm (13.02.06).
Kessler, Judith (b): Zuwanderer aus den ehemaligen [sic!] GUS-Staaten: Erwartungen und Realitäten in der jüdischen Gemeinde. Mitschnitt eines Vortrages gehalten vor Sozialarbeitern jüdischer Gemeinden.
http://www.juden-in-berlin.de/gemeinde/sozialarbeit.htm (13.02.06),
http://www.juden-in-berlin.de/gemeinde/sozialarbeit-2.htm (13.02.06).
Khuen-Belasi, Lena: Warum Spätaussiedler in Deutschland zwischen allen Stühlen sitzen. Aus der Frankfurter Rundschau vom 27.09.1999 unter http://www.karlsruhe.de/Projekte/Migranten/fr.de.php (16.02.06).
Knubben, Tobias; Kreck, Elke; Werner, Ina (Hg.): Belarus – unbekannte Mitte Europas. Minsk, 2004.
Meng, Katharina: Russlanddeutsche Sprachbiografien. Untersuchungen zur sprachlichen Integration von Aussiedlerfamilien. Tübingen, 2001.

Meng, Katharina; Protassova, Ekaterina: „Aussiedlerisch". Deutsch-russische Sprachmischungen im Verständnis ihrer Sprecher. In: Hinnenkamp, Volker; Meng, Katharina (Hg.): Sprachgrenzen überspringen. Sprachliche Hybridität und polykulturelles Selbstverständnis. Tübingen, 2005. S. 229-266.
Milner-Gulland, Robin; Dejevsky, Nikolai: Russland. Kunst, Geschichte und Lebensformen. Augsburg, ²1997.
Protasova, Ekaterina: Russko-nemeckoe dvujazyčie v Germanii / The Russian-German Bilingualism in Germany. In: Rossijskaja Akademija Nauk, Institut jazykoznanija (Hg.): Sociolingvističeskie problemy v raznych regionach mira. Materialy meždunarodnoj konferencii (Moskva, 22-25 oktjabrja 1996) / Sociolinguistic Problems in various Regions of the World. Abstracts of the International Conference (Moscow, 22-25 October 1996). S. 339-341.
Riek, Götz-Achim: Die Migrationsmotive der Russlanddeutschen. Eine Studie über die sozial-integrative, politische, ökonomische und ökologische Lage in Russland. Stuttgart, 2000.
Römhild, Regina: Die Macht des Ethnischen: Grenzfall Russlanddeutsche. Frankfurt am Main (u. a.), 1998.
Zemskaja, Elena (Hg.): Jazyk russkogo zarubež'ja. Obščie processy i rečevye portrety. Moskva/Vena, 2001.

5.3 Nachschlagewerke

Microsoft Encarta Enzyklopädie 2004.
Meyers Großes Taschenlexikon in 25 Bänden. Mannheim, 2001.
www. wikipedia.de

5.4 Internetadressen

http://de.wikipedia.org/wiki/Aussiedler (16.02.06)
http://de.wikipedia.org/wiki/Panslawismus (17.02.06)
http://de.wikipedia.org/wiki/Slawophile (17.02.06)
http://de.wikipedia.org/wiki/Sp%C3%A4taussiedler (16.02.06)
http://de.wikipedia.org/wiki/Russen_in_Deutschland (15.02.06)
http://de.wikipedia.org/wiki/Russische_Kultur_in_Deutschland (21.02.06)
http://www.aufenthaltstitel.de/stichwort/konti.html (15.02.06)
http://www.aufenthaltstitel.de/zuwg/1125.html (15.02.06)
http://www.boell.de/downloads/presse/pm_150900.pdf (15.02.06)
http://www.ids-mannheim.de/ksgd/agd/korpora/askorpus.html (23.02.06)
http://www.info4alien.de/einbuergerung/gesetze/stag2005.htm (15.02.06)
http://www.mi.niedersachsen.de/master/C3526794_N3525814_L20_D0_I522.html (16.02.06)
http://www.russentext.de/kaminer/ (21.02.06)

http://www.russischstunde.de/Uebersicht/russische_Zeitungen/russische_zeitungen.html (15.02.06)
http://www.zuwanderung.de/1_spaetaussiedler.html (16.02.06)

6 Anhang

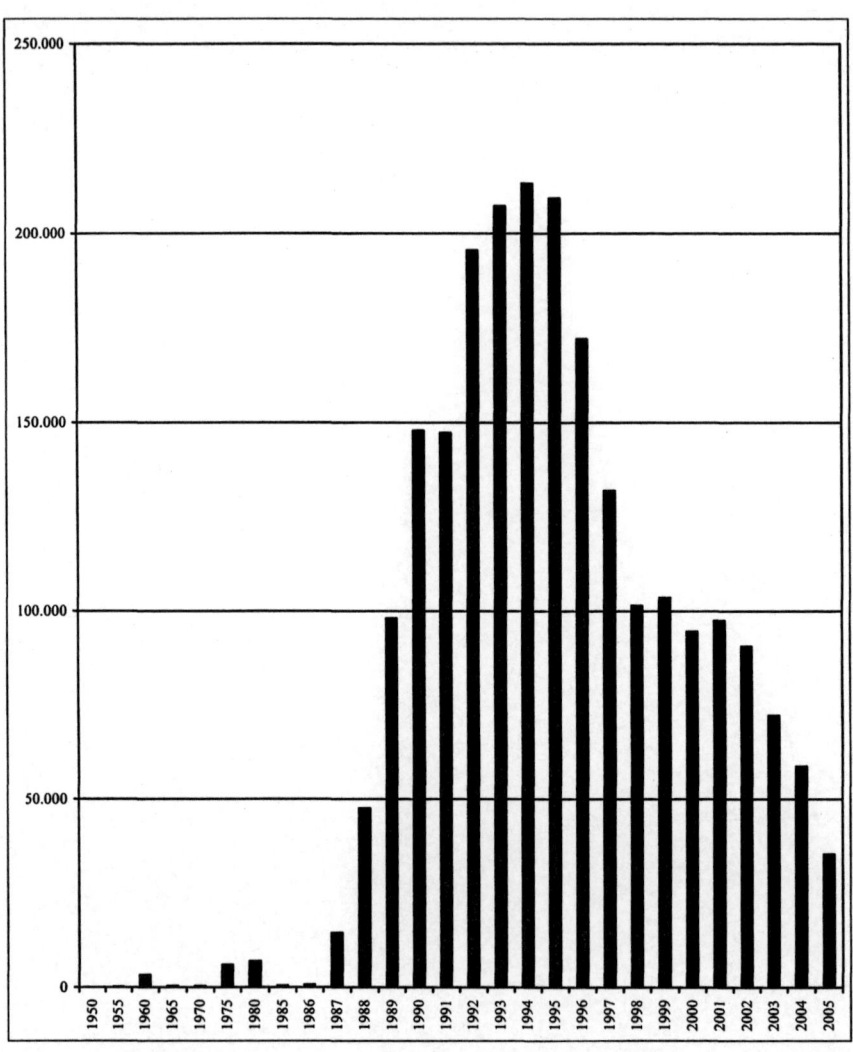

Abb. 1: Zuwanderung von Aussiedlern und Spätaussiedlern aus der UdSSR bzw. der GUS in die BRD (1950-2005 insgesamt 2.334.334 Zuzüge)[269]

---

[269] Daten entnommen aus: Bundesverwaltungsamt (Hg.), S. 11.

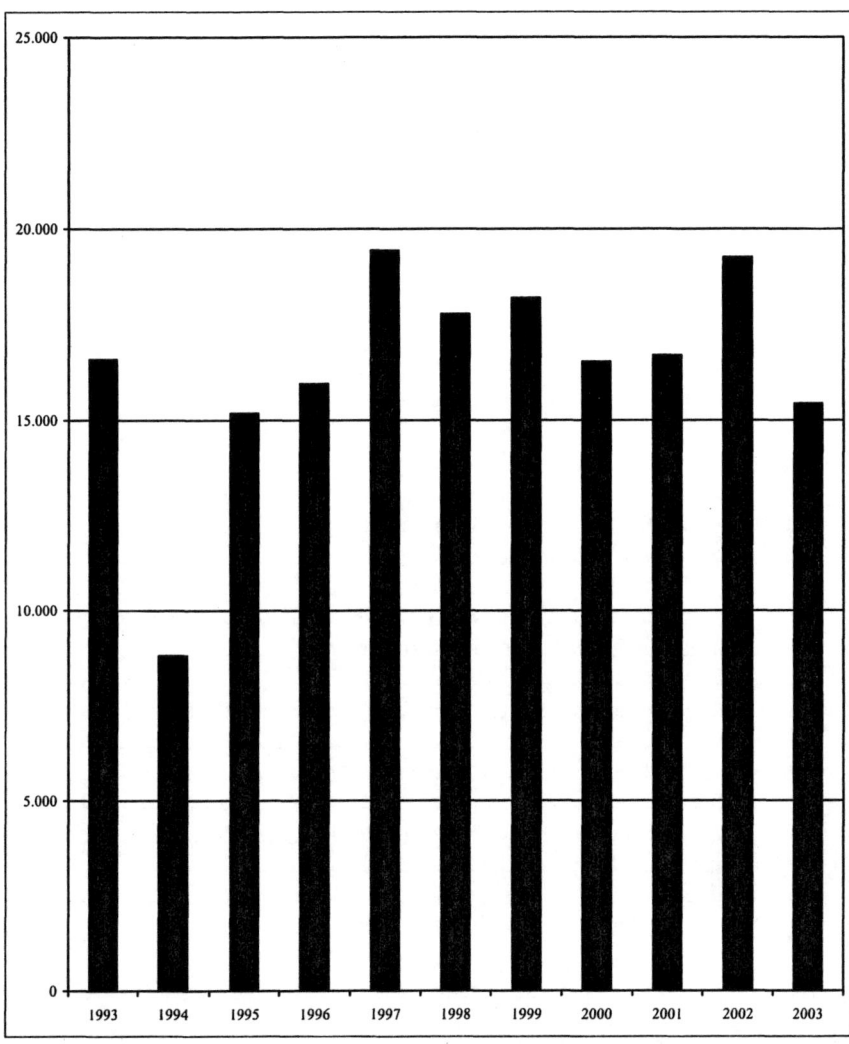

Abb. 2: Jüdische Zuwanderer aus der GUS 1993-2003 (1993-2003 insgesamt 179.934 Zuzüge)[270]

---

[270] Daten entnommen aus: Beauftragte der Bundesregierung für Migration, Flüchtlinge und Integration (Hg.), S. 16.

Fragebogen zur Datenerhebung
zur russisch-deutschen Zweisprachigkeit in Deutschland

Name: _____
Geburtsjahr: _____
Geburtsort: _____
Ortswechsel: _____

1. Wie lange leben Sie schon in Deutschland?[a] _____
2. Aus welchem Land kommen Sie? _____
3. Wie sind Sie nach Deutschland gekommen? Durch:[*]
   a) Heirat   b) Studium/Promotion   c) BVFG[b]
   d) Kontingentflüchtlingsgesetz[c]   e) Sonstiges: _____
4. Welche Sprachen sprechen Sie? _____

   4.1. Mit welchen Sprachen waren Sie in Ihrem Herkunftsland vor Ihrer Einreise nach Deutschland konfrontiert? _____

   4.2. Welche Sprache haben Sie vor Ihrer Ausreise am besten beherrscht?

   4.3. Wann und wo haben Sie Russisch gelernt? _____

   4.4. Wann und wo haben Sie Deutsch gelernt? _____

   4.5. Welche Sprache ist Ihre Erstsprache (Muttersprache)? _____

   4.6. Welche Sprache ist Ihre Zweitsprache? _____

---

[*] Zutreffendes bitte unterstreichen.

[a] Die Fragen 1., 2., 3., 4.1. und 4.2. bitte nur dann beantworten, wenn Sie nach Deutschland immigriert sind, d. h., sie treffen nicht zu, wenn Sie infolge einer Mischehe Ihrer Eltern zweisprachig aufgewachsen sind.
[b] Dies trifft zu, wenn Sie zur Gruppe der Aussiedler bzw. Spätaussiedler (Russlanddeutsche) gehören.
[c] Dies trifft zu, wenn Sie aufgrund Ihrer jüdischen Abstammung nach der Wende in die BRD eingereist sind.

4.7. Welche Sprache würden Sie als Ihre starke Sprache bezeichnen? _____

4.8. Welche Sprache würden Sie als Ihre schwache Sprache bezeichnen? _____

4.9. Welche Sprache ist die Erstsprache Ihrer Mutter? _____
4.10. Welche Sprache ist die Erstsprache Ihres Vaters? _____
4.11. Welche Sprache ist Ihre Familiensprache? _____
4.12. Welche Sprache ist Ihre Umgebungssprache? _____
4.13. Welche Sprache sprechen Sie heute in privater und familiärer Umgebung am meisten? _____
4.14. Ist Ihr Freundes- und Bekanntenkreis vorwiegend*
 a) russischsprachig   b) deutschsprachig
 c) zweisprachig (russisch-deutsch)?
4.15. Beschreiben Sie Ihre Kompetenzen in Ihren beiden Sprachen anhand einer Skala von 1-10 (10 = sehr gut, 1 = unzureichend).

	starke Sprache (_____)	schwache Sprache (_____)
Verstehen	_____	_____
Sprechen	_____	_____
Lesen	_____	_____
Schreiben	_____	_____

4.16. Welche Sprache sprechen Sie am liebsten? _____
4.17. Welche Sprache hören Sie am liebsten? _____
4.18. Ist Ihre Sprache „rein" oder müssen Sie teilweise auf die jeweils andere Sprache zurückgreifen, wenn Sie einen bestimmten Sachverhalt ausdrücken wollen? In welchen Situationen ist das der Fall? _____

_____

_____

_____

_____

4.19. Beschreiben Sie ein Sprachproblem, mit dem Sie in der letzten Zeit konfrontiert waren. Wie haben Sie es gelöst? _____

_____

_____

---

* Zutreffendes bitte unterstreichen.

4.20. Empfinden Sie Ihre Zwei- oder Mehrsprachigkeit eher als Bereicherung oder als Nachteil? _____

4.21. Wenn Sie Einfluss auf die Zweisprachigkeit Ihrer Kinder nehmen könnten, würden Sie die Zweisprachigkeit eher unterstützen und fördern oder eher versuchen, sie zu unterdrücken? Begründen Sie.

Hiermit erkläre ich mich einverstanden, dass die von mir hier abgefragten Daten und auf Band aufgenommenen Gesprächsmitschnitte analysiert und für die Examensarbeit von Birte Pabst zum Thema *Russisch-deutsche Zweisprachigkeit als Phänomen der multikulturellen Gesellschaft in Deutschland* verwendet werden dürfen.

Ort, Datum					Unterschrift

Berliner Slawistische Arbeiten

Herausgegeben von Wolfgang Gladrow, Barbara Kunzmann-Müller,
Heinrich Olschowsky und Georg Witte

Band 1 Wolfgang Gladrow/Sonja Heyl (Hrsg.): Slawische und deutsche Sprachwelt. Typologische Spezifika der slawischen Sprachen im Vergleich mit dem Deutschen. 1996.

Band 2 Swetlana Mengel: Wege der Herausbildung der Wortbildungsnorm im Ostslawischen des 11.-17. Jahrhunderts. Eine Vergleichsstudie der Schriftsprache der Kiever Rus' zu der der Moskauer Rus', dem Altukrainischen und dem Altweißrussischen des 15.-17. Jahrhunderts unter Berücksichtigung des Altkirchenslawischen. 1997.

Band 3 Wolfgang Gladrow/Irene Dehmel (Hrsg.): Der Text in Forschung und Lehre. 1997.

Band 4 Klaus Buchenau: Die Distanzanrede im Russischen, Polnischen und Deutschen und ihre historischen Hintergründe. 1997.

Band 5 Elizaveta Kotorova/Елизавета Которова: Zwischensprachliche Äquivalenz in der lexikalischen Semantik/Межъязыковая эквивалентность в лексической семантике. Eine vergleichende Studie des Russischen und Deutschen/Сопоставительное исследование русского и немецкого языков. 1998.

Band 6 Wolfgang Gladrow (Hrsg.): Russisch im Spiegel des Deutschen. Eine Einführung in den russisch-deutschen und deutsch-russischen Sprachvergleich. Korrigierte und ergänzte Neuausgabe. 1998.

Band 7 Erika Günther: Das deutsch-russische Sprachbuch des Heinrich Newenburgk von 1629. Einführung, sprachliche Analysen, Text, Faksimile. 1999.

Band 8 Natascha Drubek-Meyer/Jurij Murašov (Hrsg.): Apparatur und Rhapsodie. Zu den Filmen des Dziga Vertov. 2000.

Band 9 Emma Šimčuk/Marina Ščur / Эмма Шимчук/Марина Щур: Wörterbuch der russischen Partikeln / Словарь русских частиц. Redaktion: Wolfgang Gladrow / Редакция: Вольфганг Гладров. 1999.

Band 10 Mirjam Goller/Nikolai Klimeniouk/Stephan Küpper/Elena Müller/Ute Raßloff/Cornelia Soldat (Hrsg.): Osteuropäische Lektüren. Beiträge zur 2. Tagung des Jungen Forums Slawistische Literaturwissenschaft, Berlin 1998. 2000.

Band 11 Stephan Küpper: Autorstrategien im Moskauer Konzeptualismus. Il'ja Kabakov, Lev Rubinstejn, Dmitrij A. Prigov. 2000.

Band 12 Barbara Kunzmann-Müller (Hrsg.): Die Sprachen Südosteuropas heute. Umbrüche und Aufbruch. 2000.

Band 13 Alicja Nagórko (Hrsg.): Aleksander Brückner – zum 60. Todestag. Beiträge der Berliner Tagung 1999. 2001.

Band 14 Stefanie Geldbach: Anaphernresolution und -übersetzung in der Sprachrichtung Russisch-Deutsch. 2001.

Band 15 Wolfgang Gladrow/Robert Hammel (Hrsg.): Beiträge zu einer russisch-deutschen kontrastiven Grammatik. 2001.

Band 16 Sebastian Prieß: Strafe und Textproduktion. Apologetisches Bekenntnis und literarische Kompensation: Diskurse über Lagerhaft. 2002.

Band 17 Erika Günther: Das niederdeutsch-russische Sprachbuch von Johannes von Heemer aus dem Jahre 1696. 2002.

Band 18 Barbara Kunzmann-Müller/Monika Zielinski (Hrsg.): Sprachwandel und Lexikographie. Beispiele aus slavischen Sprachen, dem Ungarischen und Albanischen. 2002.

Band 19 Claudia Radünzel: Russische und deutsche Reden vor den Vereinten Nationen. Eine kontrastive Analyse. 2002.

Band 20 Renate Blankenhorn: Pragmatische Spezifika der Kommunikation von Russlanddeutschen in Sibirien. Entlehnung von Diskursmarkern und Modifikatoren sowie Code-switching. 2003.

Band 21 Esma Gregor: Russian-English Code-switching in New York City. 2003.

Band 22 Matthias Schwartz: Die Erfindung des Kosmos. Zur sowjetischen Science Fiction und populärwissenschaftlichen Publizistik vom Sputnikflug bis zum Ende der Tauwetterzeit. 2003.

Band 23 Wolfgang Gladrow (Hrsg.): Die slawischen Sprachen im aktuellen Funktionieren und historischen Kontakt. Beiträge zum XIII. Internationalen Slawistenkongress vom 15. bis 21. August 2003 in Ljubljana. 2003.

Band 24 Mirjam Goller: Gestaltetes Verstummen. Nicht-Sprechen als narrative Konstituente in der russischen Prosa der frühen Moderne. 2003.

Band 25 Wolfgang Gladrow (Hrsg.): Das Bild der Gesellschaft im Slawischen und Deutschen. Typologische Spezifika. 2004.

Band 26 Alexandra Goldbach: Deutsch-russischer Sprachkontakt. Deutsche Transferenzen und Code-switching in der Rede Russischsprachiger in Berlin. 2005.

Band 27 Wortbildung, Wörterbuch und Grammatik in Geschichte und Gegenwart der Slavia. Festschrift für Erika Günther. Herausgegeben von Wolfgang Gladrow. 2005.

Band 28 Markus Bayer: Sprachkontakt deutsch-slavisch. Eine kontrastive Interferenzstudie am Beispiel des Ober- und Niedersorbischen, Kärntnerslovenischen und Burgenlandkroatischen. 2006.

Band 29 Anka Bergmann: Binomina im Russischen als Kategorie der komplexen Benennung. 2006.

Band 30 Birte Pabst: Russisch-deutsche Zweisprachigkeit als Phänomen der multikulturellen Gesellschaft in Deutschland. 2007.

www.peterlang.de

Renate Belentschikow (Hrsg.)
Ренате Беленчикова (Изд.)

Das Russische in zweisprachigen Wörterbüchern
Русский язык в двуязычных словарях

Internationale Fachtagung, Magdeburg, 18.–22.5.2005
Международная научная конференция, Магдебург,
18–22 мая 2005 г.

Frankfurt am Main, Berlin, Bern, Bruxelles, New York, Oxford, Wien, 2006.
391 S., 6 Tab., 15 Graf.
Vergleichende Studien zu den Slavischen Sprachen und Literaturen.
Herausgegeben von Renate Belentschikow und Reinhard Ibler. Bd. 13
ISBN 978-3-631-55244-5 · br. € 58.–*

Der Sammelband vereint Beiträge einer Internationalen Fachtagung, die im Mai 2005 in Magedeburg stattgefunden hat. Wissenschaftler aus 10 Ländern behandeln darin theoretische und praktische Probleme der zweisprachigen Lexikographie, die Widerspiegelung der gegenwärtigen sprachlichen Situation des Russischen in ein- und zweisprachigen Wörterbüchern sowie die Rolle zweisprachiger Wörterbücher in der interkulturellen Kommunikation und stellen aktuelle lexikographische Projekte mit verschiedenen Zielsprachen vor. 29 Beiträge sind in russischer, zwei in deutscher Sprache verfasst; allen ist ein Resümee in der jeweils anderen Sprache nachgestellt. Der Band enthält eine Auswahlbibliographie von aktuellen Wörterbüchern des Russischen.

Сборник содержит доклады Международной конференции, состоявшейся в мае 2005 года в Магдебурге. Ученые из 10 стран обсуждали теоретические и практические проблемы двуязычной лексикографии, отражение настоящей языковой ситуации русского языка в одно- и двуязычных словарях, роль двуязычных словарей в межкультурной коммуникации. Представлены актуальные словарные проекты с разными выходными языками. 29 статей написаны на русском языке с немецкими резюме, две – на немецком языке с русскими резюме. В томе размещена выборочная библиография актуальных словарей русского языка.

Frankfurt am Main · Berlin · Bern · Bruxelles · New York · Oxford · Wien
Auslieferung: Verlag Peter Lang AG
Moosstr. 1, CH-2542 Pieterlen
Telefax 00 41 (0) 32 / 376 17 27

*inklusive der in Deutschland gültigen Mehrwertsteuer
Preisänderungen vorbehalten

Homepage http://www.peterlang.de